작은 회사의 돌파구

파워 브랜드 전략

작은 회사의 돌파구

파워 브랜드 전략

하마구치 다카노리 · 무라오 류스케 지음 | 이동희 옮김

전나무숲

PART 2 관점을 달리하면 '브랜드의 힘'이 보인다

PART 3 강력한 브랜드를 만드는 7가지 전략

작은 회사를 운영하는
두 가지 방식, 두 가지 결과

고객과 돈이 저절로 찾아오는 회사를 만들 것인가?

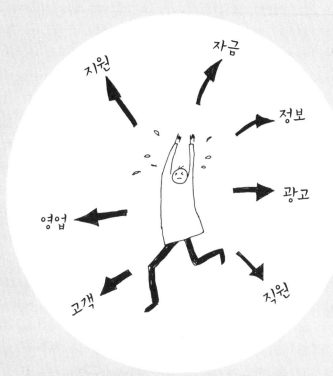

늘 노력해도 쌓이는 것이 없는 회사를 만들 것인가?

이것이 바로 '브랜드'의 차이다!

화살표로 알아보는
작은 회사의 브랜드 가치

회사에는 두 종류의 화살표가 있다. 안으로 향하는 화살표와 밖으로 향하는 화살표다. 이 화살표의 방향이 어느 쪽이냐에 따라 회사의 업무 방식은 물론 경영의 스타일도 달라진다. 우리는 직 · 간접적으로 이 화살표에 지대한 영향을 받고 있다. 당신의 회사는 어느 쪽인가?

우리들의 인생 역시 이 화살표에 크나큰 영향을 받고 있다. 안으로 향하는 화살표를 가진 회사에서 일하고 있는가, 아니면 바깥으로 향하는 화살표를 가진 회사에서 일하고 있는가?

혹은 안으로 향하는 화살표를 가진 회사를 운영하고 있는가, 아니면 바깥으로 향하는 화살표를 가진 회사를 운영하고 있는가?

이 두 회사가 동종업계에 속하거나 비슷한 규모라고 해도 일하는 방식은 완전히 딴판이다. 안으로 향하는 화살표를 가진 회사는 매우 행복한 회사다. 안으로 향하는 화살표를 누리며 일하는 것만큼 행복한 일은 없다. 이처럼 '안으로 향하는 화살표'를 가진 회사를 '브랜드 회사'라고 한다.

하지만 많은 사람들이 '브랜드'라고 하면 대기업만 가질 수 있는 것이라고 생각한다. 브랜드를 만들기 위해서는 막대한 자본을 들여 광고와 홍보를 해야 한다고 믿기 때문이다. 따라서 지레 '작은 회사들은 브랜드를 구축할 수 없다'고 판단해버린다. 그러나 작은 회사들에게는 '작은 회사만이' 활용할 수 있는 또 다른 브랜드 전략이 있다. 그것은 사소한 아이디어에서 시작하지만 결정적인 차별화를 만들어내고, 약간의 변형을 하는 것이지만 이미지가 완전히 바꿔는 방법이다. 이러한 중소기업들만의 브랜드 구축 전략이 있으면 비용을 많이 들이지 않고 얼마든지 새로운 브랜드와 독특한 비즈니스 모델을 만들어 낼 수 있다.

이 책은 수천 개의 회사를 컨설팅한 결과 쓰여졌다. 이 책으로 인해 안으로 향하는 화살표를 지닌 브랜드 회사들이 많이 생겨나고, 그 회사에서 일하는 많은 사람들이 일과 인생을 즐길 수 있게 된다면 필자로서는 더할 나위 없는 행복이 될 것이다.

하마구치 다카노리, 무라오 류스케

PART 1

작은
회사

브랜드의 힘으로
일등기업이 된 **작은 회사들**

브랜드 파워를 가진 작은 회사들에게는 한 가지 공통점이 있다.
그들에게는 '고객'이 아니라 '팬'이 있다는 점이다.

'고객과 회사'는 '상품의 구매와 요금의 지불'이라는 범주를 벗어나지 못한다.
하지만 '팬과 회사'는 물질적 가치 이상의 것을 주고 받는다.
고객은 회사를 응원하고, 지지하고, 그 회사가 없어지지 않기를 바란다.

대기업은 고객에게 자신의 브랜드를 세뇌시키지만,
작은 회사는 고객과 커뮤니케이션을 한다.

작은 회사, 그것은 자본과 규모가 적다는 열등의 표현이 아니라
고객과 더 많은 소통을 할 수 있는 가능성의 확대이다.

고객이
제 발로 찾아오는 회사

그물제조사 _ 라레테

작은 회사라도
브랜드 회사가
될 수 있다!

삼성도 넘볼 수 없는 작은 회사의 브랜드 파워

이탈리아 밀라노에서 차를 타고 동쪽으로 약 2시간을 가면 1,700명의 인구가 살고 있는 몬테이솔라(Monteisola)라는 섬이 나온다. 이탈리아 본토와는 페리로만 연결되어 있는 이 섬에는 오늘도 전 세계의 스포츠 관계자들이 찾아온다. 이들이 이곳을 찾는 이유는 '네트 비즈니스' 때문이다.

네트 비즈니스는 인터넷 사업이 아니라 진짜 '그물(net)' 사업을 말한다. 이 섬에는 아름다운 스포츠용 네트를 만들기로 유명한 '라레테'(이탈리아어로 '그물, 망'이라는 뜻) 사가 있다. 연 매출 3억 엔, 직원 수는 20명에 불과하지만 프로 스포츠 세계에서 라레테 사의 시장 점유율은 높다. 한일 공동 개최로 치러진 2002년 월드컵의 골네트도 이 회사 제품이다. 라레테 사의 피오렐로 투룰라 대표는 이렇게 말한다.

"우리 회사는 작지만 브랜드 회사다."

영업력보다 가치로 승부하는 브랜드

커피콩 도매업 _ 커피공방 호리구치

영업 활동을 하지 않아도 잘된다!

삼성도 넘볼 수 없는 작은 회사의 브랜드 파워

영업 활동은 일절 하지 않는다는 기업 방침을 내세운 '작은 브랜드 회사'가 일본 도쿄의 치토세후나바시(天歲船橋)에도 있다. 커피콩 도매업을 하고 있는 '커피공방 호리구치(HORIGUCHI)'다.

"우리는 고객이 제발로 찾아오는 회사, 가격으로 경쟁하지 않는 회사를 만들어가고 있습니다"

이름만 들으면 누구나 알 만한 유명 레스토랑을 거래처로 두고 있으며, 회사가 독자적으로 개최하는 세미나에는 대형 커피 체인점의 스태프들도 공부를 하기 위해 찾아온다. 이 회사에서 경영하는 카페는 커피 애호가들 사이에서는 '성지(聖地)'로 소문난 곳이다. '커피공방 호리구치'의 호리구치 도시히데(堀口俊英) 대표는 이렇게 말한다.

"커피를 와인의 수준으로 끌어올리고 싶다. 맛과 품질에서 최고가 되고 싶다."

그는 대단한 열정가로 1년에 8번은 해외에 있는 커피콩 생산지를 방문한다. 일에 대해 진지하고 올곧은 그의 자세는 많은 사람들을 감동시켰고, 그의 회사는 계속해서 열성 팬을 만들어 나가고 있다.

열광하는 팬을 거느린 브랜드

여관 _ 가게쓰엔(花月園)

삼성도 넘볼 수 없는 작은 회사의 브랜드 파워

20채 정도 되는 온천 여관이 즐비하게 늘어서 있는 이즈의 슈젠지(修善寺). 그중에서도 '고객의 범위를 축소한다'라는 모토로 빠르게 성장한 여관이 '가게쓰엔(花月園)'이다.

가게쓰엔은 한때는 매출이 전성기의 절반까지 떨어졌지만 새롭고 특이한 시도를 한 결과 철도 모형 마니아들의 지지를 얻어 멋지게 부활했다. 부활의 신호탄이 된 것은 가게쓰엔의 미스 에이지(三須英二) 사장이 평소 사용하지 않고 있던 연회장에 자신의 취미였던 철도 모형을 운행시키는 입체 모형(디오라마)를 설치한 일이었다. 그리고 시험 삼아 철도 마니아들이 즐겨 읽는 잡지에 광고를 냈는데, 이 광고가 큰 반향을 불러일으켜 지금에 이르게 된 것이다.

"손님이 아니라 팬이 있다."

현재 가게쓰엔은 재방문율 70%를 자랑하는 작은 브랜드 여관이 되었다. 술병을 보관해주는 보틀 킵(bottle keep)처럼, 철도 모형을 로비에 맡기는 '열차 킵'을 하는 고객들도 많다.

고객이 먼저 알아보는 브랜드

건축 및 개보수 전문업체 _ 주식회사 여성건축가팀

삼성도 넘볼 수 없는 작은 회사의 브랜드 파워

지바현 우라야스시(浦安市)에는 한 번 들으면 잊을 수 없는 이름을 가진 건축 및 개보수 전문업체가 있다.

　　'주식회사 여성건축가팀'

　　이름 그대로 여성 건축가들로만 이루어진 이 회사는 업무 추진 방식이나 현장의 청결함, 섬세하고 여성적인 시각에서 진행하는 친절한 상담, 알기 쉬운 팸플릿 등으로 높이 평가 받고 있다.

　　주식회사 여성건축가팀의 니시무라 사치코(西村幸子) 대표는 이렇게 말한다.

　　"지금은 일이 재미있어서 미치겠다!"

　　매일같이 정말 좋은 고객들과 함께하기 때문이란다. 그녀는 가격 경쟁에서 벗어나기 위한 방법을 찾던 중 '여성적 감성을 중시하는 나만의 방식으로도 성공할 수 있다'는 사실을 깨닫고 독자적인 경영을 실천하기 시작했다. 그 결과, 자신들이 '고객으로 삼았으면 좋겠다'고 머릿속에 그리던 고객층이 찾아오게 되었다. 성공의 핵심은 '고객이 먼저 알아보는 브랜드가 되었다는 점'이었다.

신뢰와 열정을 판매하는 브랜드

진공청소기 제조업체 _ **다이슨**

비싸도 **기쁜 마음**으로 돈을 지불할 고객이 있다!

삼성도 넘볼 수 없는 작은 회사의 브랜드 파워

진공청소기 제조업체 '다이슨(dyson)'의 창업자인 제임스 다이슨은 먼지 봉투를 교체할 필요가 없는 사이클론(cyclone) 방식의 진공청소기를 개발해서 유명해졌다.

다이슨은 5년 동안 5,000대의 시제품을 거쳐 세계적으로 유례없는 진공청소기 기술을 개발했다. 더욱 놀라운 것은 다이슨이 이 기술을 처음으로 판매한 나라가 일본이라는 사실이다. 일본에서 얻은 라이센스 수입을 밑천으로, 자신의 이름을 브랜드명으로 삼은 청소기를 제작해 오늘에 이르고 있다.

다이슨 진공청소기는 타제품에 비해 조금 비싼 편이다. 하지만 세계 40개국 이상에서 사랑 받으며 매년 2천만 대 이상 팔리고 있다. 고객들은 디자인과 기술, 유지비만을 고려해 다이슨 진공청소기를 구입하는 것이 아니다. 다소 비싼 구입비에는 사이클론 방식의 진공청소기 개발 과정과 진공청소기 전문 회사라는 믿음, "언젠가 진공청소기를 사용한다는 말을 '다이슨한다'로 표현하도록 만들고 싶다"는 다이슨의 열정 등도 포함되어 있는 것이다.

비싸도 기꺼이
돈을 지불할 만한 브랜드

독립 프로덕션 _ 카우텔레비전

고객을 기쁘게
하는 것이
우리의 일!

삼성도 넘볼 수 없는 작은 회사의 브랜드 파워

기업을 소개하는 프로모션 영상을 찍는 '카우텔레비전'이라는 회사가 있다.

후쿠오카에 본사를 두고 있는 작은 회사이지만, '규슈에 있는 기업만을 응원한다'는 독특한 경영 방침으로 그 지역에서는 지명도가 높다. 사실 똑같은 서비스를 제공하는 타사보다 가격이 조금 비쌈에도 불구하고 수많은 우량 기업을 고객으로 삼고 있으며 작업 의뢰가 끊이지 않는 작은 브랜드 회사다.

이 회사의 성공 비밀은 자신들의 서비스를 '영상을 납품하는 일'이라고 생각하지 않고 '고객을 기쁘게 하는 일'이라고 여긴다는 점에 있다.

고객을 기쁘게 하기 위한 방법으로 카우텔레비전에서는 '직원 교육'에 많은 시간과 에너지를 쏟는다. 그 결과 많은 고객들이 "당신 회사의 직원을 만나면 기분이 좋아진다"며 가격에 상관없이 다시 일을 맡긴다.

2년을 기다려 구매하는 프리미엄 브랜드

생(生)햄 '프로슈토' 제조사

삼성도 넘볼 수 없는 작은 회사의 브랜드 파워

이탈리아와 슬로베니아의 접경 지대인 코르몬스(Cormons)에는 이탈리아에서 최고의 생(生)햄을 제조하는 작은 회사가 있다.

이 회사가 만드는 프로슈토(prosciutto, 이탈리아 고유의 햄)는 아주 인기가 많아서 이 햄을 먹기 위해 2~3년쯤 기다리는 것은 예삿일이다. 오늘도 고객들은 이 햄을 사기 위해 전 세계에서 이곳을 찾아온다.

이곳을 찾아오는 사람은 고객뿐만이 아니다. 매일같이 사업가들이 찾아와 로렌초 도즈발도 사장에게 제품의 양을 늘릴 계획과 대형화 사업 계획을 슬며시 제안한다. 그러나 사장은 이렇게 말한다.

"확대 지향보다 행복 지향."

로렌초 사장은 상품과 인생의 질을 고려해 '스스로 정한 것 이상으로 사업을 확장하지 않는다'고 말한다. 아내의 이름을 본따서 회사의 이름을 지은 것 역시 그가 가족을 소중히 여긴다는 증거이다.

사업 확장보다
직원의 행복을 추구하는 브랜드
아웃도어 생산회사 _ 파타고니아

Small,
but BRAND.

삼성도 넘볼 수 없는 작은 회사의 브랜드 파워

아웃도어 용품을 생산하는 '파타고니아' 사는 파도가 좋은 날에는 업무보다 서핑을 열심히 하거나 맨발로 일하는 등 자유로운 업무 스타일을 추구한다. 환경문제에도 적극적으로 대처해 전 세계 사람들로부터 존경 받는 브랜드다.

파타고니아는 '직원을 소중히 여기는 문화'를 추구하는 것으로도 유명하다. 캘리포니아 벤투라(Ventura)에 있는 본사 식당에서는 직원들의 건강을 생각해 유기농 야채 중심으로 식사를 준비한다. 300명의 직원들을 위해 사내에 마련한 탁아소에는 원아들이 100명이나 있을 만큼 복지시설이 잘 갖춰져 있다.

이 같은 사내 문화의 배경에는 90년대 초 미국의 경기가 후퇴하면서 직원의 20%를 한꺼번에 해고하지 않을 수 없었던 경험이 자리 잡고 있다. 창업자 이본 취나드(Yvon Chouinard)는 환갑을 넘긴 지금도 서핑과 프라이낚시 등을 즐기는 아웃도어 마니아다. 파타고니아에서 직원은 친구이자 아웃도어 활동을 함께 즐기는 '놀이 동료'라고 생각한다. 그런 동료를 두 번 다시 잃지 않기 위해서라도 회사 규모를 덮어놓고 확장하지 않는다는 방침으로 회사를 경영하고 있다.

'삶의 방식'과 '일하는 방식'이 일치하는 브랜드

토목건축회사 _ **아이유홈**

삼성도 넘볼 수 없는 작은 회사의 브랜드 파워

일본 야마나시 현(山梨縣)에서 작은 토목건축회사 '아이유홈(iyouhome)'을 경영하는 아카오카 겐지(赤岡賢司)와 가즈요(和代) 부부는 대형 건설회사의 시장 진출과 극심한 가격 경쟁으로 인해 회사의 앞날을 불안해하고 있었다. 아카오카는 여름에는 시원하고 겨울에는 따뜻한 독자적인 주택 건축 기술을 보유하고 있으며, 특히 목조 건축에 강하다. 이들은 또한 독실한 기독교 신자여서 신앙을 매우 중요하게 여긴다.

그들은 '타사와 부딪치며 경쟁하지 않고, 어떻게든 '싸우지 않는 경영'을 하는 것은 불가능한 일일까?'라는 생각을 하던 중이었다. 어느 날 이런 생각이 들었다고 한다. '맞다, 내가 가진 모든 기술을 교회 건축과 증개축을 위해 활용하자. 광열비도 절약할 수 있는 따뜻한 목조 교회당은 교인들도 좋아할 것이다. 무엇보다 내가 교회와 관련된 일을 할 수 있다니, 꿈만 같아서 가슴이 두근거린다!'

'삶의 방식'과 '일하는 방식'이 일치되는 순간이었다. '따뜻한 교회 설립하기'라는 비전으로 아카오카 부부의 얼굴에 다시 웃음이 돌아왔다.

가정의 행복을 되찾아주는
브랜드

가사 대행 서비스 _ 베어스

가정의 행복을
되찾아주는 회사!

삼성도 넘볼 수 없는 작은 회사의 브랜드 파워

예전에 홍콩에 살 때 맞벌이하던 어느 부부의 이야기다. 일본으로 귀국한 후에도 아내는 낮에 일하고 밤에는 집안일을 하며 매일을 보내고 있었다. 아내는 너무나 분주하고 정신없이 바쁜 생활 때문에 그전까지 소중히 여겨왔던 '여성스러움을 잃지 않으려는 마음'이 점차 사라져갔고 그런 아내의 모습을 보고 남편은 무심코 "당신, 이제 완전 망가진 아줌마 다 됐네"라고 말해버렸다. 남편의 말에 '이대로는 가정이 파탄 날지도 모른다'는 위기감을 느낀 아내.

외국에 살았을 때는 일도 가정생활도 훌륭하게 해낼 수 있었을까 생각하다가 떠올린 것이 '별 부담 없이 가사도우미를 고용했던 상황'이었다.

"나와 같은 처지에 놓인 가정이 행복을 되찾을 수 있도록 도움을 줄 수 있다면 그것이 최고다."

이 부부는 다니던 회사를 그만두고 가사 대행 서비스 회사인 '베어스(bears)'를 설립했으며, 현재 베어스는 업계를 주도하는 회사가 되었다. 창업자 다카하시 부부의 상냥한 마음이 곳곳에 잘 배어 있는 작은 브랜드 회사다.

모두가 성공을 나누는
브랜드

팬케이크 전문점 _ **팬케이크데이즈**

성공을 함께
나눌 수 있는
동료가 있는 회사!

삼성도 넘볼 수 없는 작은 회사의 브랜드 파워

대중매체의 취재가 끊이질 않는 작은 브랜드인 '팬케이크데이즈(Pancakedays)'는 독특하고 행복한 세계관으로 일본에 다수의 팬을 거느리고 있는 팬케이크 전문점이다.

이곳의 직원들은 모두 행복한 세계에서 연기하듯 일하고 있고, 정말로 행복해 보인다. 직원 한 사람 한 사람이 브랜드를 깊이 이해하고, 그 브랜드를 대표하는 사람이다.

팬케이크데이즈에는 그들의 세계관을 상징하는 '데이즈 군(君)'이라는 캐릭터가 있다. 매장의 계산대 옆에는 석고로 만든 '데이즈 군'이 놓여 있는데, 손님들은 돈을 지불하면서 자주 묻는다고 한다.

"이건 뭘로 만들었나요?"

언제부터인가 직원들은 자연스럽게 이렇게 대답하게 되었다.

"사랑으로 만들어졌답니다."

고객이 오히려 감사하는
브랜드

이혼 상담 전문 법률사무소 _ 이혼펌

그런 회사에서
일해보고 싶다!

삼성도 넘볼 수 없는 작은 회사의 브랜드 파워

도쿄 미나미아오야마(南靑山)에는 현대적인 인테리어가 돋보이는 이혼 상담 전문 법률사무소가 있다.

'이혼펌(firm)'이라는 상호의 이 법률사무소는 대표인 아오키 유이치(靑木龍一) 변호사를 필두로 직원 모두가 자신이 하는 일에 큰 사명감을 가지고 있다.

"누구에게나 스트레스가 되는 이혼 문제를 신속하게 처리해주고 싶다."

"좀 더 마음 편하게 변호사나 법률사무소를 이용할 수 있는 나라로 만들고 싶다."

이런 직업관을 함께 나누고 있으므로 이 법률사무소에서는 기업 신조(credo)를 만들고, 매일같이 이를 함께 나누고 내 것으로 만들기 위해 노력하고 있다. 법률사무소를 개업한 지는 오래되지 않았지만, 의뢰인으로부터 감사의 목소리가 들려온다. 그들은 좋은 법률사무소를 만드는 것은 물론이고 '최고의 팀을 만드는 일'에도 열심이다.

사업 자체가 사회공헌이 되는 브랜드

소형 조제 약국 _ **야마구치 약국**

사업 자체가
사회공헌!

삼성도 넘볼 수 없는 작은 회사의 브랜드 파워

일본 이바라기 현(茨城縣)에 있는 '야마구치 약국'은 작은 마을에 있는 조제 약국이다. 오늘날 일본 약국은 국가의 예산이 줄고 대형 드러그스토어(drugstore) 체인점이 들어서면서 경영이 매우 어려워졌다. 하지만 이 약국은 '존재 자체가 사회에 공헌하는 곳'이어서 지역 주민들로부터 좋은 평가를 받고 있다.

아이들이 약국에 가면 약국 점원이 친절하게 응대해주고, 풍선 아트를 선물로 준다.

'웃음은 만병통치약'이라는 생각으로 약국 안에 무대를 만들어 지역 어르신들을 초대해 무료로 만담을 공연한다. 이 만담으로 하루 종일 지역 주민들을 웃게 만든 적도 있었다.

'상담 가능한 약방 주인'이라는 슬로건으로 이바라기 현에서 가장 친절하고 사랑 받는 약국이 되는 것을 목표로 삼고 있다.

사회에 공헌하는 교육 브랜드

체육 가정교사 파견업 _ 스포티원

삼성도 넘볼 수 없는 작은 회사의 브랜드 파워

체육 가정교사를 파견하는 '스포티원(sporty-1)'이라는 특이한 회사가 있다. 스포티원의 창업자인 미즈구치 다카시(水口高志)는 체육대학에 다닐 때, 아는 사람에게서 "우리 집 애가 철봉 거꾸로 오르기 시험에 통과할 수 있도록 도와줬으면 좋겠네"라고 부탁 받은 것이 사업을 시작하는 계기가 되었다.

미즈구치 사장은 아이와 함께 철봉 거꾸로 오르기라는 목표의 달성을 즐겼다. 그러면서 "이 일을 직업으로 삼고 싶다! 회사를 세워 사회에 공헌하고 싶다!"는 생각이 자연스럽게 들었다.

전례가 없는 사업 아이디어에 가족은 물론 주변사람들의 많은 반대에 부딪혔지만, 지금은 회원 수가 무려 1,100명에 이른다. 파견하는 체육 가정교사가 200명에 달할 정도다. 체육 가정교사는 운동회 전에 특히 수요가 높다.

"이 회사가 없어진다면 속상할 거야…"라는 말을 들을 법한 회사, 그 존재만으로도 사회가 기대하는 회사다.

※ Part 1에 나오는 회사에 대한 상세한 내용은 이 책의 공식 웹사이트 www.small-but-brand.com에서 볼 수 있습니다.

작은 회사의 브랜드 노트

● **그물제조사 _ 라레테**

연 매출 3억 엔, 직원 수는 20명에 불과하지만 프로 스포츠 세계에서 라레테 사의 시장
점유율은 높다. 한일 공동 개최로 치러진 2002년 월드컵의 골네트도 이 회사 제품이다.
"우리 회사는 작지만 브랜드 회사다."

● **커피콩 도매업 _ 커피공방 호리구치**

"커피를 와인의 수준으로 끌어올리고 싶다. 맛과 품질에서 최고가 되고 싶다."
그는 대단한 열정가로 1년에 8번은 해외에 있는 커피콩 생산지를 방문한다.

● **여관 _ 가게쓰엔(花月園)**

가게쓰엔은 한때는 매출이 전성기의 절반까지 떨어졌지만 새롭고 특이한 시도를 한 결
과 철도 모형 마니아들의 지지를 얻어 멋지게 부활했다.
"손님이 아니라 팬이 있다."

● **건축 및 개보수 전문업체 _ 주식회사 여성건축가팀**

가격 경쟁에서 벗어나기 위한 방법을 찾던 중 '여성적 감성을 중시하는 나만의 방식으
로도 성공할 수 있다'는 사실을 깨닫고 독자적인 경영을 실천하기 시작했다. 성공의 핵
심은 '고객이 먼저 알아보는 브랜드가 되었다는 점'이었다.

● **진공청소기 제조업체 _ 다이슨**

사이클론 방식의 진공청소기 개발 과정과 진공청소기 전문 회사라는 믿음, "언젠가 진
공청소기를 사용한다는 말을 '다이슨한다'로 표현하도록 만들고 싶다"는 다이슨의 열
정 등도 포함되어 있는 것이다.

● **독립 프로덕션 _ 카우텔레비전**

성공 비밀은 자신들의 서비스를 '영상을 납품하는 일'이라고 생각하지 않고 '고객을
기쁘게 하는 일'이라고 여긴다는 점에 있다.

● 생(生)햄 '프로슈토' 제조사

"확대 지향보다 행복 지향."
로렌초 사장은 상품과 인생의 질을 고려해 '스스로 정한 것 이상으로 사업을 확장하지 않는다'고 말한다.

● 아웃도어 생산회사 _ 파타고니아

파타고니아는 '직원을 소중히 여기는 문화'를 추구하는 것으로도 유명하다. 캘리포니아 벤투라(Ventura)에 있는 본사 식당에서는 직원들의 건강을 생각해 유기농 야채 중심으로 식사를 준비한다.

● 토목건축회사 _ 아이유홈

목조 건축에 강하다. 이들은 또한 독실한 기독교 신자여서 신앙을 매우 중요하게 여긴다. 무엇보다 내가 교회와 관련된 일을 할 수 있다니, 꿈만 같아서 가슴이 두근거린다.'

● 가사 대행 서비스 _ 베어스

"나와 같은 처지에 놓인 가정이 행복을 되찾을 수 있도록 도움을 줄 수 있다면 그것이 최고다."
창업자 다카하시 부부의 상냥한 마음이 곳곳에 잘 배어 있는 작은 브랜드 회사다.

● 팬케이크 전문점 _ 팬케이크데이즈

직원들은 모두 행복한 세계에서 연기하듯 일하고 있고, 정말로 행복해 보인다. 직원 한 사람 한 사람이 브랜드를 깊이 이해하고, 그 브랜드를 대표하는 사람이다.

● 소형 조제 약국 _ 야마구치 약국

'존재 자체가 사회에 공헌하는 곳'이어서 지역 주민들로부터 좋은 평가를 받고 있다. '상담 가능한 약방 주인'이라는 슬로건으로 이바라기 현에서 가장 친절하고 사랑 받는 약국이 되는 것을 목표로 삼고 있다.

PART 2

작은
회사

관점을 달리하면
'브랜드의 힘'이 보인다

'유명한 브랜드'라고 해서
고객의 사랑까지 받고 있는 브랜드라고 할 수는 없다.

'대기업 브랜드'라고 해서
고객이 진심으로 지지하고 있는 브랜드라고 볼 수는 없다.

진정한 '브랜드의 힘'은 인지도가 아니라
고객이 가슴으로 그 브랜드를 느끼는 것을 의미한다.

브랜드를 바라보는 관점을 달리하면,
브랜드가 가지고 있는 또 다른 힘이 드러난다.

Part 1에서 예로 든 회사들은 그 지역이나 업계에서 '대기업도 넘볼 수 없는 브랜드'를 구축한 회사들이다. 작은 브랜드 회사에는 고객의 수준을 넘어선 '팬'이 있다. 그 회사가 판매하는 특정 상품이나 서비스, 사업 분야에만 팬이 있는 것이 아니라 '회사 자체에 팬이 있는' 경우도 많다. 이는 변화가 극심한 오늘날의 시대에 적합할 뿐만 아니라 작은 회사에 매우 이상적인 경영 방식이라고 할 수 있다.

'뮤지션의 비즈니스 모델'을 떠올려보라. 뮤지션에게는 '고객'이 없다. 그들의 음악이나 관련 상품을 구입하는 사람은 고객이 아닌 '팬'이다. 팬은 좋아하는 뮤지션이 나오는 상품이라면 무조건 구입한다. 새로운 앨범에 어떤 곡이 들어 있는지 듣지 않고도 발매 전부터 예약해 앨범을 구입한다. 그가 쓴 블로그의 글도 빠짐없이 읽는다. 먼 곳에 살고 있어도 콘서트를 보러 온다. 팬들끼리 교류도 즐기고, 팬이 한 명이라도 늘어나도록 사람들에게 '그 뮤지션의 매력'을 적극적으로 알린다. 팬은 팬클럽에 소속돼 있다는 사실을 즐기며 편안하다고 느낀다. 팬클럽에는 자신과 같은 가치관을 지닌 사람들이 많기 때문이다. 뮤지션의 성장을 지켜보고 응원하며 그 활동에 즐거워하거나 슬퍼하는 이는 고객이 아니라 팬이다.

그뿐만이 아니다. 뮤지션과 관련된 스태프나 협력 회사도 팀의 일원이라는 사실에 긍지를 느낀다. 친구들로부터도 부러움을 사고 있으며, '그 팀에 참여하고 싶다'며 미래의 스태프가 되고 싶어 하는 이들도 속속 모여든다.

이것이 당신이 다니는 회사의 모습이라면 얼마나 좋을까? 당신의 회사가 뮤지션의 비즈니스 모델처럼 '고객이 아니라 팬을 가지게' 된다면 당신의 생활은 어떻게 바뀔까? 그 중심에 서 있는 뮤지션이 되었다고 생각하고 상상해보라.

시대는 급속도로 변하고 있다. 현재 '인기 있는 상품과 서비스'가 당신 회사의 것이라고 해도 지금처럼 극히 짧은 상품 주기로는 몇 년 후에는 어떻게 될지 아무도 알 수 없다. '다음에 출시되는 상품이나 서비스'가 실패했을 경우, 작은 회사는 그것만으로도 사세가 크게 기운다.

일시적인 유행에 좌우되지 않는 경영을 해나가기 위해서는 회사를 지역이나 업계에서 인정하는 '브랜드'로 만들어서 회사를 응원하는 팬을 늘려가는 것이다. 회사에 '고객이 아닌 팬이 있다'면 회사가 '다음에 출시하는 제품이나 서비스'에도 팬들은 공감하고 지지해줄 것이다. 이런 회사를 만들어가는 것이 새로운 시대에 맞는 새로운 경영 스타일이다.

회사가 '팬'을 거느린다는 의미

그저 '사고 파는' 비즈니스만 계속한다면 팬이 생기기 어렵다. 그러므로 브랜드 회사를 목표로 정했다면 경영자는 회사 자체의 가치를 높이는 일을 추구할 필요가 있다. 브랜드 회사는 회사만으로도 '가치'가 있다. 가치가 있기 때문에 팬이 있는 것이다.

그렇다고 해도 그다지 어려운 일은 아니다. 단순하게 말하자면 가치 있는 회사란 고객과 사회로부터 '좋다'는 말을 듣는 회사다. 당신의 회사가 '좋다'는 말을 듣게끔 매일 조금씩 바꿔간다면 그것으로 충분하다. 혹은 "저 회사가 없어진다면 속상할 거야", "저 회사가 사라진다면 섭섭할 것 같아"라는 말을 듣는 것을 목표로 하는 것도 같은 의미다.

"좋은 고객들이 있구나"라는 말을 듣거나, "저 회사 직원들은 정말로 우수하고 친절하다"는 칭찬을 듣는 회사가 되는 방법도 있다. "저 회사 사장은 존경할 수 있는 '훌륭한 어른'이야"라고 소문난 회사도 가치 있는 회사라고 할 수 있다.

'즐겁게 일하는 회사'도 세상 사람들로부터 '좋다'는 말을 듣는다. 이런 식으로 생각하면 회사의 가치를 높이는 일이 그리 어렵지 않게 느껴질 것이다. 또한 '과연 이 정도 가지고 가치가 높아질까'라는 의문이 들 수도 있다. 그렇지만 사실이다. 이것만으로도 회사의 가치는 높아진다. 중요한 것은 '좋다'는 평가를 의식하면서 회사를 경영하는 일이다.

최근에는 회사의 가치, 즉 무형자산인 브랜드를 회사의

재무제표에 반영하려는 움직임이 나타나고 있다. 무형자산이란 눈에 보이는 자산이 아니므로 마치 '공기'와 같은 것이다.

예를 들어, 코카콜라라는 브랜드의 '공기'는 대차대조표에 무려 7조 엔이라는 액수로 올라 있다. 마찬가지로 작은 회사의 브랜드 가치도 무형자산으로 평가될 때가 올 것이다.

"시대가 바뀌고 있다. 따라서 우리들도 바뀌어야만 한다."

이는 필자가 강연회나 컨설팅 현장에서 거듭 강조하는 말이다.

시대는 어떻게 변화해왔을까? 변화된 시대에 왜 작은 회사는 브랜드를 지향해야 하는 것일까? 여기에서는 그 변화를 주도하고 있는 7가지 트랜드를 살펴보고자 한다.

상품 주기의 단축 _ 브랜드에 대한 신뢰로 재도약하라

상품 주기가 단축되고 기술의 진보가 빨라지면서 한 번 성공한 상품이나 사업 분야로 오랫동안 승승장구하기가 매우 힘들어졌다.

"어제까지 구입했던 상품이 오늘 보니 없어졌다."

"편의점에서 살아남는 상품은 연간 30%에 불과하다."

우리들은 바로 이런 시대에 살고 있다. 이렇게 되면 회사는 시장에 개량 상품이나 새로운 상품을 훨씬 자주 내놓아야 하는 상황에 놓이게 된다. 즉, 항상 시장 진입의 리스크를 안고 있는 셈이다.

이 같은 변화에 대응하기 위해서라도 상품뿐 아니라 회사를 통해서 고객과 신뢰를 쌓는 것이다. 회사 자체가 브랜드가 되어 팬과 팬클럽이 생긴다면 신상품을 출시하거나 신규 사업을 시작할 때도 밑바닥에서부터 시작하지 않아도 되므로 성공률이 높아진다. 반대로 매번 아무것도 없는 상태에서 고객을 만들어가는 상황을 되풀이하는 것은 리스크와 비용 면에서도 비효율적이고 위험스러운 일이다.

상품·서비스 수준의 향상 _ 소비자에게 선택되는 '늘 쓰던 브랜드'

상품의 질과 서비스 수준은 전반적으로 높아지고 있으며 또한 선택 사항도 아주 다양해졌다. 따라서 소비자는 '무엇을 사야 좋을지 모르는' 상황에 종종 처하게 된다. 예를 들어 치약을 구입해야 한다면 어떻게 해야 할까? 눈앞에 진열된 여러 종류의 치약 앞에서 머리를 쥐어짜게 될 것이다. 소비자의 입장이 되어보면 알겠지만, 소비자는 다양한 상품들 앞에서 어떤 상품을 살 것인지에 대한 판단 기준이 그다지 많지 않다. 그러므로 '늘 쓰던 것'이 가장 유력한 판단 기준이 된다. 바로 이 '늘 쓰던 것'이 되기 위해서는 상품의 선택 판단 기준을 정확하게 전달할 수 있어야 한다. 브랜드 회사란 바로 그 선택의 기준에 매우 합당한 조건을 갖추고 있다.

완전히 성숙한 소비 사회에서는 이제 더 이상 대형 시장은 존재하지 않는다고 말할 정도로 고객의 취향이 세분화되어 있다. 또한 소비자는 판매자에게 '전문성'과 '독창성'을 요구하는 경향이 있다. 극단적으로 말하면, '나만의 것', '자신만이 갖고 있는 상품', '자기 전용'으로까지 세분화되고 있다. 즉, 예전처럼 최대공약수적인 상품이 더 이상 받아들여지지 않는다는 점에서 시장의 볼륨 존(volume zone)은 점점 축소되고 있다.

이 같은 변화는 어떤 의미에서는 작은 회사에 유리하다고 말할 수 있다. 작은 회사는 큰 회사만큼 많은 고객들을 상대하지 않으므로 '○○를 대상으로 △△를 판매하는 회사'라는 식으로 세분화된 취향에 따라 브랜드를 구축하면 특정 분야에서 세계 최고가 될 가능성이 높기 때문이다.

인구 감소 _ 재방문율을 높이는 브랜드

어느 업계나 인구 감소는 시장의 축소를 불러온다. 물론 전 세계로 시장이 확대되고 있는 것도 사실이지만, 대부분의 작은 회사들은 서비스업이고 국내에서만 사업을 하는 곳이 많기 때문에 저출산에 따른 인구 감소는 부정적인 영향을 미친다.

이러한 흐름에 맞춘 경영전략은 '확대 지향'에서 '지속적인 관계 지향'으로 발상을 전환하는 것이다. '신규 고객을 획득한다'는 기존의 영업 방법에서 '얼마나 오랫동안 고객과 좋은 관계를 유지할 수 있을까?'라는 재방문율 향상으로 사업의 중심축이 옮겨 가고 있다. 회사의 브랜드화란 '고객의 재방문율을 높여 오래도록 사랑 받는 회사'를 만드는 것이다.

Trend 5

치열한 가격경쟁 _ 가치를 높이는 브랜드 전략

갈수록 치열해지는 가격 경쟁이 기업들을 더욱 힘들게 만들고 있다. 이 같은 경향은 지금까지 매우 안정적이었던 업계에서 특히 심하다.

이런 업계에는 만들기만 하면 팔렸던 시대의 사고방식이나 습관이 아직도 많이 남아 있다. 사람은 편한 것을 좋아한다. 만들기만 하면 팔렸던 시대는 좋은 시절이었다. 변하지 않으면 안 되는데도 변하지 못한 채 지금까지 구축한 기업의 체력을 소모하기만 하는 기업들이 늘어나고 있다.

따라서 지금과 같은 시대에 필요한 사고방식은 타사와는 다른 '가치'를 창출하는 것이다. 경쟁에 맞춰 '가격을 내리는 것'이 아니라 경쟁사와 차이를 만들고 비싸더라도 고객이 흔쾌히 돈을 지불할 수 있도록 '가치를 높이는' 방향으로 발상을 전환한다면 새로운 이익을 창출할 수 있다. 이익이 창출되면 가치를 낳기 위해 재투자할 수도 있으므로 선순환을 낳는다. 다소 비싸더라도 고객이 기쁜 마음으로 돈을 지불할 수 있는 회사가 될 수 있다는 말이다.

Trend 6 정보화와 글로벌화 _ 고객에게 쉽게 발견되는 브랜드

인터넷 덕분에 누구나 쉽게 정보를 주고받을 수 있게 되었다. 이와 더불어 회사의 광고 방법도 크게 달라져 푸시 (push)형에서 풀(pull)형으로 바뀌었다. 푸시형이란 TV CF 등으로 대표되는 매체 중심의 기존 광고 방법으로, 회사가 고객을 대상으로 소비를 촉구하는 것이다. 그에 반해 풀형은 홈페이지를 통해 고객이 스스로 회사를 찾아오도록 하는 방법이다.

광고라고 하면 예전에는 대규모 자본을 가지고 있는 회사만이 할 수 있었다. 그러므로 대규모 자본을 가진 회사가 압도적으로 유리했다고 할 수 있다. 그러나 인터넷의 등장으로 사업 환경이 완전히 달라졌다. 브랜드를 인식시키는 활동은 회사의 생명선이지만, 예전보다 이 활동이 아주 수월해진 것이다.

고객의 범위를 축소하더라도 고객들로부터 '쉽게 발견되는' 방법만 궁리한다면 10년 전보다 사업을 하기가 훨씬 쉬워졌다. 또한 영어가 가능하다면 해외에 거주하는 고객들을 상대로 하는 사무실만 있어도 사업을 할 수 있게 됐다.
작은 회사도 세계적인 브랜드 회사가 될 수 있는 시대인 것
이다.

Trend 7   노동 시장의 유동화 _ 인재를 불러 들이는 브랜드

세대에 따라 일하는 방식에 대한 생각이 크게 변하고 있다. 이런 차이 때문에 직장 분위기를 좋게 하거나 팀의 사기를 높이는 일이 점점 어려워지고 있으며, 경영자와 관리자는 리더십이나 팀 빌딩(Team building)을 크게 고민하게 되었다.

또한 종신 고용이나 연공서열이 사라지면서 노동 시장의 유동성이 매우 높아져 이직이 당연시되기 때문에 정성을 들여 인재를 키워도 금방 그만두고 다른 회사로 옮기는 일이 보편화되었다. 따라서 기업마다 인재의 확보와 육성에 골머리를 앓고 있는 실정이다.

이는 기업 경영에 불리한 환경이라고도 말할 수 있지만 반대로 좋은 점도 있다. 좋은 인재를 채용할 수 있는 기회가 그만큼 늘어난 것이다. 작은 회사가 브랜드화에 힘을 쏟으면 회사의 방향성과 정체성이 확립되고 그와 더불어 직원 문제가 해결된다. 그리고 회사의 색깔이 분명해질수록 "이 회사에서 일하게 해주십시오"라며 미래의 직원들이 자진해서 문을 두드리게 된다.

작은 회사의 입장에서 사회의 커다란 변화를 거슬러 경영을 하는 것은 매우 어려운 일이다. 따라서 거시적인 움직임에 발맞춰 그 흐름 속에서 '자신들을 진화시키는' 발상이 필요하다. 따라서 필자가 제안하는 방법 중 하나는 '작은 회사도 브랜드를 만든다'는 것이다. '경영한다', '회사를 설립한다'고 자랑하기보다는 '브랜드를 만든다'는 발상으로 사업을 한다면 지금보다 일이 즐거워질 것이다.

작은 회사의 브랜드 경영은
팬을 만드는 것

브랜드라는 용어는 일상생활에서 자주 듣고 말하기는 하지만 명확하게 정의를 내리기가 그리 쉽지 않다. 하지만 문명 사회에 태어난 우리들이 브랜드와 접하지 않는 날이란 하루도 없다.

오늘 아침에 사용한 치약, 낮에 들른 카페, 음악이 흘러나오는 스피커 등도 모두 브랜드다. 오늘 저녁 식탁에 오를 육류, 생선, 야채, 쌀, 음료수 등에도 대부분 브랜드 제품들이다.

아내와 딸의 대화에도 귀 기울여보라. 대화 내용이 브랜드 제품의 옷과 가방에 관한 것일지도 모른다. 거실에서는 아직 말도 못하는 어린 아이가 TV에 나오는 맥도날드 광고를 정신없이 바라보고 있다(어느 연구에서 유아는 말을 배우는 것보다 먼저 맥도날드의 노란색 아치를 인식할 수 있다는 사실이 밝혀졌다).

사람에게도 장소에도 브랜드는 존재한다. 유명 축구선수나 야구선수의 이름도 모두 브랜드이며 유명한 지역의 이름도 브랜드라고 할 수 있다. 심지어 국가의 이름도 브랜드화되고 있다. 'Made in USA', 'Made in JAPAN', 'Made in Korea'도 모두 브랜드다.

브랜드라는 단어를 사전에서 찾아보면 '상표'나 '소인' 등을 뜻한다. 가축을 식별하기 위해 돼지나 소에게 낙인을 찍은 것이 브랜드 역사의 시초라고 한다. 비즈니스 세계에서는 브랜드에 대한 정의가 몇 가지 더 있지만, 여기에서는 브랜드를 '사업과 관련된 모든 사람들을 팬으로 만드는 잘 연마된 경영'으로 정의하고자 한다.

고객을 '고객 이상의 팬이라고 부를 수 있는 존재'로 만드는 것은 물론이고, 사업과 관련된 협력 회사, 현재 직원, 퇴직한 직원, 앞으로 들어올 미래의 직원 그리고 지역 주민들에 이르기까지 모든 사람의 응원을 받는 팬이 가득한 회사를 '브랜드 회사'라고 할 수 있다.

브랜드가 있는 회사
VS
브랜드가 없는 회사

필자는 강연이나 세미나 등을 통해 연간 수백 명의 경영
자들과 만난다. 또한 컨설팅 활동 때문에 수많은 회사와 점
포를 방문한다. 이런 경험 덕분에 회사에는 '보이지 않는
화살표'가 있다는 사실을 알게 되었다.

다음 그림은 '브랜드를 가진 회사' 혹은 '지역이나 업계
에서 브랜드라고 불릴 만한 회사'의 화살표를 나타낸 것이

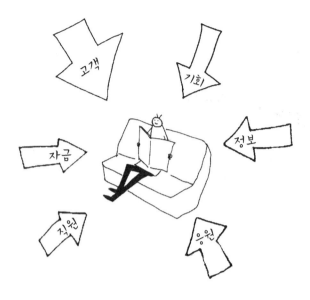

다. 보다시피 모든 화살표가 안쪽으로 향하고, 회사에 필요한 요소들이 '밖에서 찾아오는' 흐름이 형성되어 있다.

브랜드 회사는 외부로 영업하러 나가거나 광고하지 않아도 고객이 스스로 회사를 찾아온다. 타사보다 가격이 조금 비싸더라도 그 가치를 이해하는 충성 고객들이 기꺼이 돈을 지불한다. 가격 경쟁을 할 필요가 없다는 뜻이다. 직원들도 "이 회사에서 일하게 해주십시오"라며 자진해서 찾아온다. 월급 액수나 복리후생, 교대 근무 등 조건만을 따져서 그런

것은 아니다. 브랜드 회사에는 언제나 인재들이 넘쳐난다. 정보도, 응원도, 합작 제안도 상대편에서 먼저 건넨다. 자금을 빌려주겠다며 금융기관이 알아서 찾아온다.

회사의 경영에 관한 여러 이론 중에 '경영이란 자원을 쌓아가는 것'이라는 관점이 있다. 그런 면에서도 사람·물자·자금·정보 등 경영을 하는 데 필요한 자원을 돌아다니며 모으기보다는 회사의 화살표를 안쪽으로 향하게 하는 전략으로 자원을 효율적으로 획득하는 편이 훨씬 현명한 방법이라고 할 수 있다.

'브랜드를 가지지 못한 회사', '지역이나 업계에서 브랜드를 인정받지 못한 회사'의 화살표는 브랜드 회사의 화살표와는 달리 모두 바깥쪽으로 향한다. 모든 것을 외부에서 구해야 하므로 회사는 항상 분주하고 바쁘며, 사장 역시 본래의 업무를 할 수가 없다.

브랜드 회사가 아닌 회사는 비 오는 날도, 바람 부는 날도, 영업을 위해 밖으로 나가야 한다. 상담할 때에는 가격 할인을 요구 받는 경우도 많고, 이 요구에 응하지 않으면 "그러면 다른 회사에서 매입할 테니까…"라는 말을 듣는 경우가 많다. "좋은 직원이 없을까?"라며 인재도 힘들게 밖에서 찾아야 한다. 좋은 사람을 어렵사리 찾아내 입사시켜도 금방 그만두고 나간다. 이런 일이 되풀이된다. 정보를 수집하는 것도, 지원이나 합작 제의를 꺼내는 것도 늘 회사 쪽이다. 자금 역시 언제나 쫓아다니는 입장에 있다.

'끌어당기는 힘'이
브랜드 만들기의 열쇠

두 가지 그림을 다시 한 번 비교해보자. 도대체 어느 쪽이 '효율적이고 능숙하게 경영하고 있다'고 말할 수 있는가?

물론 왼쪽 그림이다. 브랜드 회사 쪽이 효율적으로 경영하는 것이다. 즉, '브랜드를 만든다'는 말은 '회사를 둘러싼 보이지 않는 화살표를 안쪽으로 향하도록 하는 일', '능숙하게 경영하는 일'과 동의어인 셈이다.

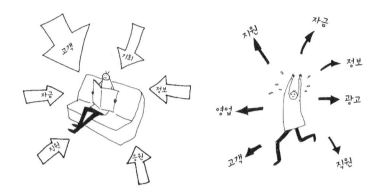

  지금까지 브랜드 전략이란 일반적으로 '디자인 전략'이라고들 했다. 물론 비주얼적인 면을 강화하는 것은 '고객에게 원하는 정보를 효율적으로 전달한다'는 면에서 중요하다. 그러나 회사 로고를 바꾸거나 인쇄물을 멋지게 디자인하는 것만으로는 '화살표가 안쪽으로 향하는 회사'가 될 수 없다. 경쟁 상대가 똑같이 비주얼적인 면을 강화한다면 모든 것이 원점으로 되돌아가기 때문이다.

  작은 회사의 브랜드 전략은 디자인이 아니라 경영 자체를 브랜드화시키는 과정이 중요하다. 여기에는 사장이 없어도 브랜드의 힘이 발휘되도록 하기 위한 구조와 규정, 고객과 직접 만나는 직원들이 브랜드를 이해하고 표현하기 위한 인재 개발, 가격 책정과 리스크 관리 등 디자인 이외의 사항도 포함되어 있다.

브랜딩(branding)이란 '바깥쪽으로 향해 있는 회사의 화살표'를 하나씩 안쪽으로 향하게 만드는 작업이다. 브랜드 만들기가 진행됨에 따라 회사에는 끌어당기는 힘이 붙게 된다. 모든 것이 바깥에서 안쪽으로 몰려오는 힘을 손에 넣으면 회사 경영은 매우 수월하고 즐거워진다.

작은 회사가 안고 있는 큰 문제

앞으로 나올 Part 3에서는 브랜드를 만드는 노하우에 대해 이야기할 것이다. 그전에 필자들이 컨설팅 현장에서 자주 상담 하는 경영자의 고민과 작은 회사의 문제점을 살펴보자.

당신의 회사에도 비슷한 문제가 있지 않은가? 하나라도 있다면 '회사의 화살표를 바꾸는 브랜드 만들기'가 도움이

될 것이다. 다음 페이지에 이런 문제들을 정리해두었으니 점
검해보자.

좋은 제품을 만들었는데도 팔리지 않는다. 고객이 찾아오지 않는다. 고객이 줄고 있다.

고객에게 메시지를 전달하는 것이 서툴다. 고객과 커뮤니케이션하는 데 애를 먹고 있다.

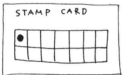

제품은 팔리고 있지만 이익이 없다. 재방문 고객이 적다. 일회적인 매상으로 끝난다.

인재가 모이지 않는다. 유능한 직원이 없다. 우수한 인재가 있어도 금방 그만두고 나간다.

사장이 현장에 없으면 회사가 제대로 돌아가지 않는다. 핵심 인물이 없으면 회사가 제대로 운영되지 않는다.

큰 거래처에 매출을 의존한다. 지금은 하청이나 대리점으로서 안정적이지만 미래가 불안하다.

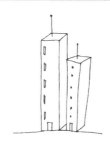

"가격 좀 깎아주세요!"라는 불합리한 클레임이 늘어났다. 일이 즐겁지 않다. 언제나 고객과 전쟁을 치르는 기분이다.

바쁘기만 하고 꼭 해야 할 일에 착수하지 못한다. 5년 앞이 보이지 않는다. 뭔가 앞으로 나아가고 있다는 생각이 안 든다.

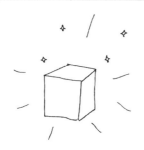

회사는 변하려고 하지만 직원들이 보수적이다. 새로운 일에 도전하려 들지 않는다.

디자인과 인쇄물을 멋지게 만들었지만, 결국은 아무것도 바뀌지 않았다.

작은 회사의 브랜드 노트

● **고객이 아니라 '팬'을 만든다**

일시적인 유행에 좌우되지 않는 경영을 해나가기 위해 서는 회사를 지역이나 업계
에서 인정하는 '브랜드'로 만들어서 회사를 응원하는 팬을 늘려가는 것이다. 회사
에 '고객이 아닌 팬이 있다'면 회사가 '다음에 출시하는 제품이나 서비스'에도 팬
들은 공감하고 지지해줄 것이다.

● **'좋다'는 말을 듣는 회사를 만든다**

가치 있는 회사란 고객과 사회로부터 '좋다'는 말을 듣는 회사다. 당신의 회사가
'좋다'는 말을 듣게끔 매일 조금씩 바꿔간다면 그것으로 충분하다.

'즐겁게 일하는 회사'도 세상 사람들로부터 '좋다'는 말을 듣는다. 이런 식으로 생
각하면 회사의 가치를 높이는 일이 그리 어렵지 않게 느껴질 것이다.

● **고객의 응원을 받는 회사를 만든다**

고객을 '고객 이상의 팬이라고 부를 수 있는 존재'로 만드는 것은 물론이고, 사업
과 관련된 협력 회사, 현재 직원, 퇴직한 직원, 앞으로 들어올 미래의 직원 그리고
지역 주민들에 이르기까지 모든 사람의 응원을 받는 팬이 가득한 회사를 '브랜드
회사'라고 할 수 있다.

● **고객이 스스로 찾아오는 회사를 만든다**

브랜드 회사는 외부로 영업하러 나가거나 광고하지 않아도 고객이 스스로 회사를
찾아온다. 타사보다 가격이 조금 비싸더라도 그 가치를 이해하는 충성 고객들이 기

꺼이 돈을 지불한다. 가격 경쟁을 할 필요가 없다는 뜻이다. 직원들도 "이 회사에서 일하게 해주십시오"라며 자진해서 찾아온다.

응원도, 합작 제안도 상대편에서 먼저 건넨다. 자금을 빌려주겠다며 금융기관이 알아서 찾아온다.

● 경영 자체를 브랜드화한다

작은 회사의 브랜드 전략은 디자인이 아니라 경영 자체를 브랜드화시키는 과정이 중요하다. 여기에는 사장이 없어도 브랜드의 힘이 발휘되도록 하기 위한 구조와 규정, 고객과 직접 만나는 직원들이 브랜드를 이해하고 표현하기 위한 인재 개발, 가격 책정과 리스크 관리 등 디자인 이외의 사항도 포함되어 있다.

● '작은 회사'에 유리한 7가지 시대 트랜드

트랜드 1 **상품 주기의 단축** _ 브랜드에 대한 신뢰로 재도약하라

트랜드 2 **상품 · 서비스 수준의 향상** _ 소비자에게 선택되는 '늘 쓰던 브랜드'

트랜드 3 **대량 판매 시장의 소멸** _ 더 전문화된 브랜드로 승부하라

트랜드 4 **인구 감소** _ 재방문율을 높이는 브랜드

트랜드 5 **치열한 가치경쟁** _ 가치를 높이는 브랜드 전략

트랜드 6 **정보화와 글로벌화** _ 고객에게 쉽게 발견되는 브랜드

트랜드 7 **노동 시장의 유동화** _ 인재를 불러 들이는 브랜드

PART 3

작은
회사

강력한 브랜드를 만드는
7가지 전략

브랜드를 구축할 때 가장 중요한 것 중의 하나는
'브랜드를 구축하겠다'는 생각 자체를 버리는 것이다.

그것보다 먼저 '고객을 기쁘게 하는 일'에 전념해야 한다.

고객이 회사를 만나는 순간이 즐겁고 행복할 때,
고객이 회사의 제품을 구매한 후 만족했을 때,
고객이 회사를 통해 삶이 편리해졌을 때,

바로 그때 고객의 가슴 속에서
'브랜드'가 불꽃처럼 피어나기 때문이다.

전략 1

작은 회사의 카리스마를 높이는 전문가 선언

 카테고리, 브랜드를 만드는 지름길

브랜드를 구축하는 지름길이 있다. '새로운 카테고리(영역)를 만드는 것'이다. 비즈니스의 세계에서 '새로운 카테고리'란 이제까지 존재하지 않았던 '새로운 비즈니스 아이디어'나 '분야'를 가리킨다. 그렇다고 해도 어려운 이야기는 아니다. 아무것도 없는 무(無)에서 새로운 비즈니스를 창출하는 것이 아니라, 이미 존재하는 사업의 컨셉을 약간만 바꾸어 만드는 '차별화된 비즈니스'를 가리키는 말이기 때문이다.

예를 들어, 피자는 오래전부터 일본의 레스토랑에서 먹을 수 있었다. 시간이 지나자 '좀 더 손쉽게 집에서도 피자를 먹고 싶을 것'이라고 여긴 누군가가 집까지 배달해주는 배달 전문 피자점을 열었다. '피자 배달'이라는 사업이 바로 새로운 카테고리의 한 가지 예다.

또한 피자 배달점이라 하면 '미국식 피자'를 배달하는 피자점이 대부분이었지만, 최근에는 '나폴리식 피자'도 배달해주는 점포가 늘고 있다. 이것도 '피자 배달점'이라는 기존의 사업을 토대로 '어른의 입맛에 맞는 나폴리식 피자를 집에서 먹고 싶은 사람도 있을 것'이라고 생각한 회사가 만든 '나폴리식 피자 배달 전문점'이라는 새로운 카테고리인 것이다.

사람의 욕구와 불만은 무한하다. 별이 생겨나고 사라지듯이 비즈니스의 세계에서도 사람의 욕구와 불만, 불편을 해소하기 위해 매일 새로운 카테고리가 탄생하고 낡은 카테고리는 사라진다. 비즈니스의 역사는 '카테고리의 역사'라고 할 수 있다.

그렇다면 카테고리를 만드는 일이 어째서 '브랜드가 되기 위한 지름길'인 것일까?

옆에 있는 사람에게 "일본에서 가장 큰 호수는 어디입니까?"라고 물어보라. "비와코(琵琶湖)지요"라는 대답이 돌아올 것이다. 그러면 "두 번째로 큰 호수는 어디인가요?"라고 물어보라. 이 질문에 대답할 수 있는 사람은 그리 많지 않을 것이다.

브랜딩도 이와 마찬가지다. 잠재 고객 사이에서 "○○용 △△를 팔고 있는 회사는?"이라는 질문이 나왔을 때 당신 회사의 이름이 그 대화에서 거론되느냐 아니냐는 비즈니스의 결과에 지대한 영향을 미친다. 그것이 아무리 작은 카테고리에 관한 이야기라고 해도 당신의 회사가 그 세계에서 으뜸이라면 그 카테고리에서 시장을 선도하는 브랜드(leading brand)로 고객에게 기억될 것이다.

많은 경쟁자들이 넘쳐나는 비지니스 세계에서 시간과 에너지를 들여 남들과 같은 방법으로 브랜딩하기보다는 회사

스스로 새로운 카테고리를 만들어 자기 분야에서 으뜸이 되는 편이 훨씬 손쉽고 빠르게, 무엇보다 영리하게 '브랜드를 만드는 방법'이라고 말할 수 있다. 또한 정보화 사회에서는 오히려 사업이나 대상을 좁힐 때 고객들이 보다 명확해지므로 한층 브랜드 만들기가 수월하다.

작은 불편, 새로운 카테고리를 찾는 열쇠

새로운 카테고리를 만드는 아이디어는 일상생활에서 쉽게 발견할 수 있다. 누구나 소비자다. 그러므로 소비자로서의 안테나를 평상시보다 좀 더 민감하게 세우고 생활하기만 해도 새로운 카테고리에 대한 아이디어는 끝없이 떠오른다.

"좀 더 편리하게 만들 수 없을까?"

"이런 종류의 가게는 여자 혼자 들어가기가 쉽지 않은데…."

"비쌀 것 같아. 적절한 가격이라면 부담 없이 이용할 수 있을 텐데."

이런 생각이 들었다면 새로운 카테고리에 대한 아이디어의 절반은 완성된 것이나 마찬가지다. 이처럼 '작은 불편'을 해소해주는 상품이나 서비스를 개발한다면 그 상품이나 서비스는 분명 새로운 카테고리다.

특히 주목해야 할 분야가 가격 책정이 애매한 업계, 전반적으로 접객(hospitality) 의식이 낮은 업계 등이다. 고객이 점포 안으로 들어가기 쉽게 분위기를 꾸미거나, 가격이 잘 보이게 하거나, 균일 가격으로 팔거나, 전화 상담이나 손님 응대를 호텔과 비슷한 수준으로 끌어올리는 것만으로도 새로운 카테고리, 즉 새로운 컨셉의 브랜드를 확립할 수 있다.

거리를 산책하거나 드라이브하면서 눈에 들어오는 가게나 회사, 상품, 서비스에 '여성 전용', '학생 전용', '초보자 전용', '독신남 전용' 등 특정 고객을 가리키는 광고 카피를 붙여보라. 의외로 '이 아이디어는 대박날 수도 있겠다'는 놀라운 발견을 하게 될지도 모른다. 마찬가지로 기존에 있는 사업의 첫머리에 'e'를 붙여 인터넷 사업으로 만들거나 '에코(ECO)'를 붙여 친환경 제품으로 만드는 것도 적극적인 발상의 방법이기도 하다.

현재 시장에 나와 있는 상품이나 서비스에 만족하지 않고 더욱 세련되고 고급스러운 것을 찾는 소수의 고객층도 존재한다. 또한 국내에 거주하는 외국 사람과 해외에서 온

관광객들에게 초점을 맞추어도 새로운 카테고리는 얼마든지 구축할 수 있을 것이다.

미국에서는 주부에서 기업가로 변신하는 경우가 많아서 그런 사람들을 앙트레프레너(entrepreneur, 기업가)가 아니라 '맘프레너(어머니 기업가)'라고 부른다. 왜 맘프레너가 많은 것일까? 그 이유 중 하나는 주부나 여성의 눈으로 세상을 바라보면 사회적 불편이나 불만이 더 잘 보이기 때문이다. 이처럼 사회적 불편이나 불만을 자신의 힘으로 해소하려고 행동을 취하는 사람이 '맘프레너'가 되는 것이다.

사업 아이디어가 떠오르지 않아 어려움을 겪고 있는 남성 독자가 있다면 여성들이 하는 일이나 집안일을 적극적으로 도와보라. 지금까지 상상조차 하지 못했던 사회적 요구를 발견할 수 있을지 모른다.

새로운 카테고리에 대한 멋진 아이디어가 떠올랐다고 가정해보자. 다음 단계에서는 '아이디어는 괜찮은 것 같은데 시장성은 어떨까?' 하는 점을 생각해야 한다. 사업이므로 당연히 시장성을 계산할 필요가 있다. 하지만 '시장 규모가 너무 작다'고 체념해버리는 것은 섣부른 판단일지도 모른다. 누가 봐도 '시장성이 충분하다'라고 여겨질 법한 아이디어라면 타사나 대기업도 이미 이전부터 그 시장에 진입했거나 진입할 준비를 하고 있을 것이다. '누가 봐도 매력적인 시장'에서 정면 승부를 벌이는 식으로 경영해서는 카테고리를 선도하는 브랜드 오너는 될 수 없을 것이다.

우리들은 때때로 작은 브랜드 회사를 만드는 프로젝트를 이렇게 표현하기도 한다.

"5년 후에 '○○라는 새로운 업계를 만들었다'고 말할 수 있는 회사를 만든다."

브랜드를 만들려면 실천해보지도 않은 채 '시장성이 없다', '안 팔린다'며 카테고리를 개척하는 일을 금방 포기하지 않고, '성공할 때까지 계속한다'는 결단이 필요하다. 포기하고픈 마음이 들 때는 검은 엄마 고양이(구로네코)가 아기 고양이를 물고 가는 로고로 유명한 구로네코 야마토 택배 차에서 용기를 얻어라. 구로네코 야마토 택배는 '성공할 때까지 계속한다'는 말을 몸소 보여준 브랜드다. 창업 첫날, 구로네코 야마토 택배사가 배달한 화물은 11개뿐이었다. 그러나 현재 연간 10억 개의 화물을 나르고 있다.

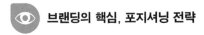

포지셔닝(positioning) 전략은 브랜딩을 이야기할 때 꼭 필요한 개념이다. 업계나 지역에서 자사의 위치를 확립하는 것을 포지셔닝이라고 하는데, 그 경쟁관계는 보통 아래의 그림과 같은 포지셔닝 맵으로 나타낸다.

세로축 위아래와 가로축 좌우에 중요한 지표가 될 만한 단어를 적는다. 이들 단어는 그림에서 보듯, 각각 세로축의 양극단, 가로축의 양극단에 위치해야 한다. 포지셔닝 맵이 완

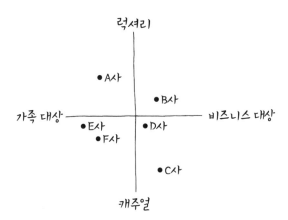

성되었다면 대상이 되는 회사나 점포를 그 위에 배치한다.

이때, 어느 범위까지(지역·상권)를 대상으로 하는지에 따라 포지셔닝 맵 위의 회사 수나 경쟁관계가 크게 달라지므로 주의해야 한다. 좀 더 정확한 정보를 얻기 위해서라도 '포지셔닝 맵을 통해 무엇을 알고 싶은가?'를 명확히 하도록 한다.

오늘 점심으로 카레를 먹기로 했다면, 주문한 카레가 나올 때까지 가게의 냅킨 뒷면에 다음의 그림처럼 근처에 있는 카레 전문점의 포지셔닝 맵을 적어보라. 금방 익힐 수 있을 것이다.

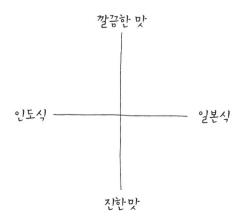

4분면의 포지셔닝이 어렵다면 가로축만 있는 포지셔닝을 생각해보는 것도 좋다. 가로축만 있다면 훨씬 정리가 잘될 것이다. 이처럼 커피 가격대를 가로축 포지셔닝만으로 가시화한다면 카페를 열면서 가격을 책정할 때 좀 더 많은 힌트를 얻을 수 있다. 처음에는 어려울지 모르지만 익숙해지기 시작하면 매우 빠르고 효율적으로 포지셔닝에 관한 정보를 얻어낼 수 있다.

포지셔닝은 말 그대로 '자사를 포지션하는(자리매김하는) 것'에 의미가 있다. 포지셔닝 맵에서 자사의 위치를 확인하는 것은 포지셔닝의 일부분이다. 스타벅스라고 하면 '세련된 분위기의 카페', 볼보라고 하면 '안전한 자동차'와 같은 식으로 고객의 머릿속에 회사의 포지션을 확립하는 것이 진짜 목적이다. 포지션이 확립되면 업계 내에서 회사의 캐릭터가 부각된다. 또한 고객들 사이에서 회사의 상기율('○○

을 사자'고 생각했을 때 당신의 회사를 떠올릴 수 있는 비율)도 높아진다.

회사의 포지션을 명확히 하기 위해서는 이미 존재하는 '타사의 포지션'을 벤치마킹하는 방법도 있다. 스포츠를 이야기할 때 '요미우리 자이언트 팬'이라는 포지션에 비추어 '안티 요미우리 자이언트(일본의 대표적인 야구팀인 요미우리 자이언트 안티팬을 의미)'라는 포지션이 쉽게 이해될 수 있다. 마찬가지로, 당신의 회사가 이미 존재하는 타사의 포지션에 대해(공표할 필요는 없지만) '○○ 사와 정반대 자리에 있는 회사'라고 내세우면 정보를 받는 측의 입장에서는 매우 알기 쉬운 포지셔닝이 된다.

타 업계의 포지셔닝을 활용하는 방법도 있다. 어느 자전거 제조업체가 "우리는 자전거업계의 롤스로이스다"라고 자사의 포지션을 표현한다면, 자전거업계를 모르는 사람이라도 그 회사의 자전거가 고가이며 회사 역시 프리미엄 상품을 취급하는 제조업체임을 쉽게 연상할 수 있다.

작은 회사라면 경쟁이 치열한 레드오션으로 들어가는 일은 피하고 싶을 것이다. 아무리 그곳이 좋아 보여도 당신의 회사보다 훨씬 자금력이 있는 회사가 기다리고 있는 곳에 발을 들여놓는 것은 위험한 일이다. 작은 회사의 전략은 큰 회사의 전략과는 달라야 한다. 작은 회사는 '싸우지 않는 경영'이 기본이다. 즉, 포지셔닝 맵 위에서 비어 있거나 격전지에서 조금 떨어진 블루오션의 위치에 자사를 자리매김하는 것이 중요하다.

포지셔닝 맵 위에서의 '비어 있는 포지션'과 앞에서 언급한 '새로운 카테고리'는 동의어나 마찬가지다. 포지셔닝 맵 위의 경쟁사들이 북적거리는 격전지에서 '조금 떨어진 곳'을 찾아도 새로운 카테고리에 대한 힌트를 얻을 수 있다.

🔵 선택과 집중, 브랜드를 만드는 힘

Part 1에 등장했던 후쿠오카의 인터넷 방송국 '카우텔레비전'을 운영하는 다카하시 야스노리(高橋康德)는 원래 방송국 보도기자였다. 그만큼 인터뷰에 능숙하고 상대로부터 원하는 답변을 이끌어내는 일에 능숙하다. 그는 타 업종 교류모임 등에서 회사명을 듣거나 명함을 봐도 무슨 일을 하는지 짐작할 수 없는 사람에게 시간을 절약하기 위해서라도 "죄송합니다만 어떤 분야의 전문가이십니까?"라고 묻는다고 한다. 파티장에서 다카하시에게 이 같은 질문을 받았다면 어떻게 대답할 것인가?

"○○ 전문가입니다"라고 금방 대답할 수 있다면 가장 좋다. 좀 더 설명을 덧붙인다고 해도 "저희 회사는 ○○으로 △△한 사람들에게 □□를 제공하는 회사입니다. 그리고 세상의 ××를 해결합니다"라는 짧막한 말로 설명할 수 있다면 멋질 것이다.

사업을 확실하게 '포커스(집중, 초점)'하는 회사는 그런

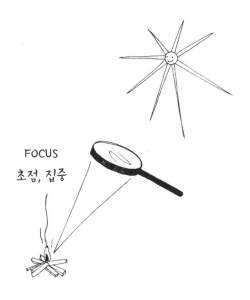

FOCUS
초점, 집중

답변이 가능하다. '브랜드의 힘'은 곧 '포커스의 힘'이다. 돋보기로 햇빛을 모으면 종이를 태울 수 있듯이, 회사의 사업 내용이 대상이 되는 고객에게 제대로 포커스가 맞춰져 있다면 집중하는 힘이 생기고 그것이 회사를 성장시키는 동력이다.

커피전문점으로 유명한 스타벅스는 과거에 '스타벅스 커피 티 앤드 스파이스(Starbucks Coffee Tea & Spice)'라는 이름의 작은 소매업체였다. 그 후 '스타벅스 커피'로 상호가 바뀌었지만 '사업의 포커스를 커피전문점으로 맞춘다'는 집중과 진한 커피향을 내세운 차별화가 없었다면 오늘날 스타벅스는 존재하지 않았을 것이다.

요즘은 '뭐든지 다 한다'거나 '종합적인 서비스를 제공한다'는 다각적인 사업방식으로는 영업하기가 무척 어렵다. 현재는 카레 우동을 먹으러 '카레 우동 전문점'에 간다는 식의 핀포인트(pinpoint, 정확하게 한 부분이나 대상만을 겨냥함) 시대다.

포커스에 대한 이야기가 나오면 '사업도 고객층도 그 범위를 좁히는 것이 두렵다. 자신의 목을 조르는 행위가 아닐까?'라고 느끼는 작은 회사의 경영자들이 의외로 많다. 그 마음은 충분히 이해한다. 입구가 좁아져 고객들이 점차 줄어가는 회사의 모습은 누구에게나 공포스러울 것이다.

그런 경우에는 머릿속에 모래시계를 연상하면 도움이 된다. 하고 싶은 일이 많아도 우선은 그 범위를 좁혀 작은 세계에서 최고가 된 후 어느 정도 브랜드를 확립할 수 있다면 앞으로의 과정이 한층 수월해진다. 이는 할리우드 스타가 폭발적인 인기를 누릴 때 대표작이라고 부를 만한 작품이 있는 것과 마찬가지다.

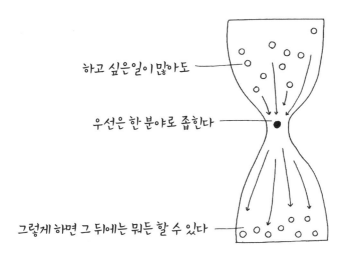

하고 싶은 일이 많아도

우선은 한 분야로 좁힌다

그렇게 하면 그 뒤에는 뭐든 할 수 있다

사업과 경쟁관계에 따라서도 달라지겠지만, 그 기간은 2년으로 잡는다. 2년 동안 작은 분야의 전문가로서 자사를 연출하는 것이다. 세상 사람들에게 '그 얼굴'만 보여주고, 일과 관련된 모든 사람들에게 이를 잘 전달한다. 이렇게 하면 당신의 회사는 '뭐든 하던 시절'과 비교해봤을 때 브랜드 회사에 훨씬 가까워질 것이다.

👁 리포지셔닝 전략

"힘들게 좋은 포지션을 차지해도 사업이 잘된다는 사실이 알려지면 같은 위치에 다른 회사가 들어오지 않을까?"

그렇다. 포지션은 특허처럼 먼저 신청한 사람에게 우선권이 있는 것도 아니고, 점유권이 있는 것도 아니다. 시장 경제에서는 누구나 그 포지션에 참여할 수 있다. 그렇기 때문에 타사가 따라 할 것을 염두에 두고 그에 대비해 리포지셔닝(repositioning)하거나 되도록 오래 현재의 포지션을 유지하기 위해 할 수 있는 방법을 늘 염두에 두어야 한다. 리포지셔닝은 '포지셔닝을 새롭게 다시 한다'는 뜻이다. 자사의 포지션을 시대나 경쟁 상황에 맞춰 조금씩 바꾸는 것이다.

연예계를 예로 들어보자. 연예계에서 활동하는 사람들도 모두 포지셔닝을 염두에 둔다. TV 프로그램에서 '캐릭터가 겹친다'는 말이 나오곤 한다. 누군가와 캐릭터가 겹치면 그 연예인의 일거리는 반으로 줄어든다. 3명하고 캐릭터가 겹

치면 일거리는 3분의 1로 줄어드는 셈이다. '같은 포지션에 누군가가 있다'는 것은 생계를 좌우하는 문제다. 현재 개그맨으로 활발하게 활동하고 있는 연예인이 젊은 세대가 치고 올라올 것을 예상해 다음에 보여줄 특기나 개인기를 개발하는 것이 리포지셔닝이다. 3년 후에도 살아남기 위한 활동인 것이다.

회사의 경우도 이와 마찬가지다. 앞에 나온 모래시계 그림에서 '아랫부분'을 떠올리면 이해하기 쉬울 것이다. 막상 포지션이나 브랜드를 확립한 후에는 어떻게 해야 할까? 같은 포지션에 타사가 진입한다면 어떻게 방향을 바꿔야 할까? 대략적이라도 좋으니(그리고 어디까지나 긍정적인 의미에서!) 그 후의 전개를 생각하며 경영하는 것이 중요하다.

👁 전문성, 브랜드 전략의 꽃

필자는 컨설팅 활동을 통해 수많은 성공 사례를 지켜봤다. 그리고 성공하는 데 필요한 조건 중 하나로 '응원해주는 사람이 많다'는 것이 매우 중요하다는 사실을 알았다. 그렇다면 '응원 받는 회사'를 만드는 것도 성공한 경영자가 되기 위해 중요한 일이다.

사람들은 큰 회사나 강한 회사, 유명한 회사만을 응원하고 싶어 하지는 않는다. 누구나 응원하고 싶은 회사는 우직하게 자신의 일을 사랑하고, 사명감을 갖고 매진하는 '성실한 회사'다. 고객은 회사가 지향하고 있는 목표와 사업 내용, 미래에 '달성하고 싶은 일'이 명확할 때 성실하다고 느낀다. 물론 일을 하는 입장에서 생각해도 매일 막연하게 일하기보다는 대상과 분야를 좁히는 편이 '성실함'을 발휘하기가 쉽다. 이를 위해서는 지금까지 소개한 '카테고리 구축'과 '포커스', '포지셔닝'이 큰 도움이 된다.

그 분야의 전문가로서 무언가를 달성하려고 열심히 매진

하는 회사에는 일종의 카리스마가 깃들어 있다. 이는 브랜드 회사라고 불리는 많은 회사에서 느낄 수 있다. '그저 매일 평범하게 일하면서 카리스마가 있는 회사'란 유감스럽지만 존재하지 않는다.

죽은 뒤에도 여전히 카리스마적인 인기를 누리고 있는 배우 마쓰다 유사쿠(松田優作)는 생전에 동료 배우들에게 이렇게 이야기했다.

"너희들은 절대로 나를 이길 수 없다. 나는 24시간 영화를 생각하고 있기 때문이다"

경영자와 직원들이 24시간 일에 몰두하기 위해서 그리고 많은 사람들로부터 응원 받는 존재가 되기 위해서는 회사의 카테고리를 명확히 하는 일이 매우 중요하다.

전략
2

고객의 마음을 사로잡는
명쾌한 한마디
네이밍 & 캐치프레이즈

 캐치프레이즈, 단 한 사람에게 보내는 하나의 메시지

"좋은 물건만 만들어 놓으면 알아서 잘 팔린다"는 것은
옛말이다. 많은 회사들이 비슷한 가격에 고품질의 상품이나
서비스를 제공하고 있다. 따라서 오늘날에는 회사를 '얼마
나 알기 쉽게, 알려야 할 사람에게 알릴 수 있는가' 하는 비
즈니스 커뮤니케이션이 갈수록 주목을 받고 있다.

쉽게 설명하자면, 비즈니스는 '커뮤니케이션'이라고 할 수 있다. 우리들이 매일 하고 있는 일은 '고객에게 알린다, 시장에 알린다, 사회에 알린다, 협력 회사에 알린다, 직원들에게 알린다' 등 모두 '알리는 일'에 깊이 관련되어 있다.

그중에서도 '고객에게 알리는 일'은 매상을 올리는 데 아주 중요하지만, 경영자들 중에서는 이 일에 어려움을 느끼는 사람이 많다. 작은 회사는 매출을 좀 더 올리기 위해 많은 사람들을 대상으로 하고 싶어한다. 그러나 이때 메시지가 두루뭉술하거나 고객의 범위가 지나치게 넓으면 오히려 소비자의 마음을 유혹하기가 어렵다.

앞에서 '포커스'에 대해 언급했는데, 여기서도 포커스를 활용해보자. 회사가 메시지를 보낼 때 어느 정도는 고객층을 정해둘 것이라고 생각하지만, 사실 '고객층'이라는 사고방식이야말로 '초점이 빗나간 메시지'의 원흉이라고 할 수 있다.

'고객층'에게 메시지를 보내는 것이 아니라 그중 '단 한 사람에게만 메시지를 보낸다'는 식으로 발상을 바꿔보자. 단 한 사람을 위해 팸플릿과 홈페이지를 만들거나 캐치프레이즈를 생각하거나 블로그를 작성하라. 극단적으로 말해 '전 세계에서 단 한 사람만을 위해 비즈니스를 하고 있다'고 생각하는 것이다.

이런 발상을 쉽게 하려면 실제로 존재하는 사람을 '단 한 사람'으로 떠올리는 것이다. 잘 알고 있는 사람일수록 좋다. 타깃 고객층에 딱 들어맞는 실제 인물을 정하고 그 사람과 대화를 나누는 것처럼 메시지를 작성한다면 비교적 쉽게 '마음에 와 닿을 수 있는 메시지'를 작성할 수 있다. 그 사람의 사진이 있다면 반드시 PC나 책상 앞에 붙여놓자. 그 정도로 현실적이고 구체적이어야 효과가 있다. 이렇게 탄생한 메시지는 신기하게도 타깃 고객층 전체로 금세 퍼져 나간다. 타깃 고객층은 "이거, 내게 보내는 메시지잖아"라며 개인적인 차원에서 받아들인다.

필자는 컨설팅을 의뢰하는 고객들에게 타깃 고객층을 쉽게 이미지화할 수 있도록 타깃 고객층에 가까운 사람의 사진을 오려 붙인 스크랩북을 준비하도록 한다. 그리고 이 스크랩북을 보면서 카탈로그나 캐치프레이즈 등 광고 일을 진행하도록 조언한다.

가수 오카모토 마요(岡本眞夜)의 〈TOMORROW〉라는 노래는 많은 일본인들에게 용기를 준 명곡이지만, 사실 이 노래는 오카모토가 친구를 격려하기 위해 만든 것이라고 한다. 그 결과, 그 친구와 비슷한 처지에 놓인 많은 사람들의 마음을 감동시켜 지금도 꾸준히 사랑받는 히트곡이 되었다.

메시지를 만들 때 주의해야 할 점은 초심을 잊지 말고 '고객의 언어'로 이야기해야 한다는 것이다. 비즈니스 세계에 깊숙이 몸담고 있으면 아무래도 '우리들의 언어', 즉 '판매자의 언어'로 내용을 전달하기 십상이다. 이는 언어가 전혀 다른 해외에 가서 현지인에게 우리나라 말로 대화를 시도하는 것과 같다. 이래서는 회사가 보내는 메시지가 고객에게 전달되지 않는 것은 당연하다.

커뮤니케이션은 결코 쉽지 않다. 그러므로 처음부터 '정보는 제대로 전달되기 어렵다', '전달되지 않는 것이 당연한 일'이라는 사실을 전제로 하면서 보다 알기 쉬운 메시지를 만들려는 노력이 중요하다.

네이밍, 고객의 마음을 사로잡는 키워드

큰 회사와 달리, 작은 회사는 카피라이터를 고용할 여유가 없다. 작은 회사는 사장 스스로가 '캐치프레이즈의 달인'이 되지 않으면 안 된다. 지금 현재 캐치프레이즈를 만드는 일에 어려움을 겪는 경영자가 있어도 앞에서 말한 '포커스'를 통해 고객의 범위나 사업 분야를 좁힐 수 있다면 캐치프레이즈를 만들기가 훨씬 수월해진다.

사장은 또한 네이밍(naming)의 달인이어야 한다. 네이밍만 좋다면 캐치프레이즈는 필요 없다. '이름은 실체를 나타낸다'라는 말처럼, 네이밍만큼 많은 것을 말해주는 것은 없다. 게다가 좋은 네이밍은 스스로 성장한다. 네이밍은 아주 중요한 브랜드 전략이며, 네이밍에 에너지를 쏟는 일은 판매와 연관된 수고를 크게 줄여준다. 훌륭한 네이밍은 뛰어난 영업직원 몇 사람만큼이나 가치가 있다.

현대인들이 하루에 접하는 정보의 양은 '에도 시대(에도 막부가 정권을 잡은 시기, 1603~1867)에 살았던 사람이 평생 동안에 얻은 정보의 양과 같다'는 말이 있다. 이 같은 정보 사회에서 우리들이 만든 네이밍을 고객의 머릿속에 각인시키는 작업은 결코 쉽지 않은 일이다. '좋아하니까', '듣기 좋으니까'라는 이유로 잔뜩 멋을 부려 외국어 이름을 붙일 것이 아니라 듣는 사람의 심리를 고려하고 배려해야 한다.

하지만 작은 회사의 네이밍은 대기업의 네이밍과는 다를 수밖에 없다. TV 광고나 잡지 광고를 통해 몇 번이나 상품명을 노출시키는 일이 예산 관계상 불가능하기 때문이다. 따라서 참신한 조어를 만드는 대기업의 네이밍 전략을 작은 사업에 그대로 적용시키는 것은 좋은 생각이라고 보기 어렵다.

우리 컨설팅 회사는 작은 회사의 네이밍에 관해 조금 보수적인 편이다. 컨설팅 현장에서도 이미 귀에 익숙한 단어를 조합하는 단순한 설계를 기본으로 삼고 있다. 그러니까 기존의 일반적인 말을 조금만 비트는 것이다.

예를 들어, Part 1에 등장한 '이혼펌(이혼은 일본어로 리콘이므로 리콘펌이라고 읽음)'도 일본인들에게 이미 귀에 익숙한 단어인 '리컨펌(예약 재확인)'이라는 단어와 법률사무소를

www.RIKON-FIRM.com

이혼펌 by 미나미아오야마 법률사무소

나타내는 영어 단어인 'Law Firm(로펌)'을 조합한 네이밍 이다(물론 철자는 다르지만).

통계 산출 서비스를 제공하는 '패턴 워크스'라는 통계 컨설팅 회사가 있다. 통계는 뉘앙스를 고려해 번역하면 '패턴(pattern)'이다. 사업 자체는 컨설팅업이지만, '패턴 컨설팅'이라는 이름은 평범하고 진부하므로 '패턴 워크스' 라고 이름 붙인 것이다. 이런 정도의 네이밍이 이상적이지 않을까 싶다. 누구나 알고 있는 외국어를 썼으므로 듣는 사람이 새롭게 기억할 필요가 없다. 그러면서도 개성이 묻어 난다.

작은 회사 기업 표어, 알기 쉽게 고객 언어로 설명

작은 회사의 사람들끼리 명함을 교환하면 회사명이나 명함만으로는 어떤 사업을 하는지 알 수가 없어서 "저, 귀사는 무슨 일을…"이라고 물으며 서로의 사업 내용을 묻고, 장황하게 설명하는 장면을 본 경험이 있을 것이다.

'알기 쉬운 네이밍이 필요하다'고는 하지만 그렇다고 당장 회사명을 바꿀 수도 없는 일이다. 또한 회사명에는 창업자의 생각이 들어가 있어서 쉽게 바꿀 수 없는 경우도 있다. 그러므로 이럴 때 권하고 싶은 것이 기업 표어의 활용이다.

기업 표어란 기업 로고의 전후좌우에 따라붙는 슬로건이다. 히타치라면, 'Inspire the Next(미래에 영감을 불어넣어라)', 혼다라면 'The Power of Dreams(꿈의 힘)'이 기업 표어다.(물론 이 표어는 때에 따라 달라지기도 한다.)

기업 표어는 캐치프레이즈와는 다르다. 캐치프레이즈는 소비자가 즉시 구매 의사를 결정하도록 유도하는 것이다.

이에 반해 기업 표어는 기업의 중장기적 스타일이나 방향성을 보여준다. "그럴듯한 영어를 사용했지만 무슨 뜻인지 잘 모르겠어"라는 사람도 많지만, 그래도 대기업은 개의치 않는다. TV 광고나 잡지 광고를 통해 몇 번이나 되풀이해서 소비자들에게 기업 표어를 전달하여 결국은 소비자들이 그 의미와 경영 철학을 기억하게끔 할 만한 자금력이 있기 때문이다.

작은 회사의 명함에도 기업 표어가 적혀 있는 경우가 있다. 그러나 대부분이 대기업과 비슷하다. 가뜩이나 알기 힘든 회사명과 사업 영역에 대한 설명, 기업 표어까지 덧붙여져서 더 알수 없는 경우가 많다.

관점을 달리하여 생각하면 작은 회사의 브랜드 전략이란 '회사를 알기 쉽게 만드는 것'이기도 하다. "안 팔린다, 안 팔려"라고 한숨을 내쉬는 회사도 상품이나 서비스, 회사 자체를 좀 더 알기 쉽게 만든다면 많든 적든 매출이 올라가는 경우가 있다. 작은 회사에 맞는 기업 표어의 활용법이 바로 이것이다. 회사명만으로는 무슨 사업을 하는지 알기 힘든 작은 회사를 기업 표어로 '명확하게 하는' 것이 현명한 방법이다. 작은 회사가 대기업처럼 이미지 전략의 일환으로 기업 표어를 활용하더라도 경험상 큰 성과로 이어지는 일은 거의 없다.

작은 회사에 권하고 싶은 기업 표어는 기발한 아이디어나 영어가 아닌, 사업 설명형이나 미션 설명형이다. 예를 들어, 이 책의 공저자인 하마구치 다카노리(浜口隆則) 씨가 경영하는 '비즈니스뱅크'라는 회사는 임대 사무실이라는 새로운 카테고리를 만든 그 업계의 선두업체다. 이 회사는 미션형 기업 표어를 채용하고 있다. 비즈니스뱅크 사의 로고에는 어떤 인쇄물이든 '일본의 창업률을 10% 올립니다!'라는 기업 표어가 따라붙는다. 이 기업 표어는 '사무실을 빌려준다'는 사실에만 머무르지 않고, 경영자를 대상으로 '기업 노하우를 가르치는' 교육업과 창업가를 대상으로 각종 지원 사업을 포함한 형태로 자사의 미션을 설명한다. 참고로 일본의 창업률은 약 4%다. 비즈니스뱅크 사는 이 같은 일본의 상황을 바꾸고 싶다고 생각해서 그 변화의 원동력이 될 수 있는 사업으로 목표를 좁혀 몇 가지 사업을 창업했다.

기업 표어를 만들었다면 잠깐 테스트해보자. 기업 표어

를 소리 내어 빠르게 말해보라. 연속해서 3번을 무리 없이 말할 수 있는 길이라면 적당하다고 볼 수 있다. 이번에는 랩처럼 3번 흥얼거려보라. 기업 표어를 랩으로 노래할 수 있다면 말의 가락도 딱 알맞을 것이다.

작은 회사 로고, 고객이 기억하기 쉽게 아이콘화

유감스러운 소식이 있다. 기억에 관한 연구(에빙하우스의 망각곡선, 학습된 내용이 시간의 흐름에 따라 점차 잊히는 정도를 나타낸 곡선)에 따르면 사람은 기억한 내용의 약 80%를 24시간 이내에 잊어버린다고 한다. 이는 아무리 근사한 홈페이지를 만들고 팸플릿을 작성해도 소비자들은 24시간 이내에 80%가량을 잊어버린다는 뜻이다.

요즘에는 작은 회사도 그럴듯한 로고를 가지고 있다. 어마어마한 양의 정보가 범람하는 시대에 미디어 노출도 많지 않은 작은 회사가 세련된 로고를 만든다 해도 좀처럼 소비자들의 기억에 남지 않는다. 따라서 작은 회사의 로고는 멋지고 화려한 디자인 보다는 '설명적인 디자인'이 적합하다. 디자인 하나만으로도 우수한 영업사원의 역할을 할 정도여야 한다.

이바라기 현에 위치한 '야마구치 약국'을 예로 들어보자. 동네의 조제 약국은 대형 드러그스토어 체인점이 들어서면서 고전을 면치 못했다. 하지만 '야마구치 약국'은 기업 표어를 '상담 가능한 약방 주인'으로 정하고 지역 주민들 사이에서 독자적인 지위를 구축했다. '의사에게 문의할 정도의 일은 아니고, 그렇다고 드러그스토어 점원에게 상담하기도 어려운' 중노년층 고객에게 높은 지지를 얻는 사람이 '약방 주인'이다.

그렇다면 어떻게 지역 주민들에게 기업 표어를 전달했을까? 일일이 돌아다니며 설명했을 리는 없다. 감각적이고 멋들어진 로고를 만든다고 해서 지역 주민들에게 전해지지는 않는다. 야마구치 약국의 경영자인 야마구치 씨는 이 약국의 가치관이 지역 주민들에게 잘 알려지도록 '설명형 로고'를 만들었다.

설명형 로고를 만들려면 아이콘에 주목해야 한다. 아이콘이란 문자 없이 단순한 모양만으로 표현하는 커뮤니케이션 방법이다. 예를 들면 화장실 표시는 아이콘이다. 글자가 없어도 어느 쪽이 남성용이고 여성용인지 누구나 색깔과 모양만으로도 한눈에 알 수가 있다. 공항은 다양한 언어를 사용하는 사람들이 이용하는 곳이므로 기본적으로 시설의

공항에서 사용되는 아이콘

표시가 아이콘으로 되어 있다.

　필자는 '문자로 전하고 싶은 것은 어떻게 생각하느냐에 따라 상당 부분을 아이콘으로 만들 수 있다'고 생각한다. 물론 회사의 사업 내용이나 '판매 전략', '강점' 역시 지혜를 짜내면 아이콘으로 표현할 수 있다고 믿는다.

　'야마구치 약국'을 예로 들어 함께 생각해보자. 누가 봐도 한눈에 '약국'이라고 인식할 수 있을 만한 아이콘은 무엇일까? 한 가지는 '십자가'다. 그 외에도 '캡슐'이나 '알약' 등을 들 수 있을 것이다. 그렇다면 이 약국의 장점인

'친절'이나 '상냥함'은 어떤 아이콘을 이용해 나타낼 수 있을까? 다양하게 있을 수 있지만 대표적인 것은 '하트'다.

기업 표어에도 있는 '상담 가능하다'는 이 약국의 독자성도 로고에 담아보자. '상담 가능하다'를 아이콘으로 나타내는 데는 조금 고민할 필요가 있지만, '사람과 사람이 대화를 나누고 있는 모습'을 표현하면 그것으로 충분할 것이다. 이들 아이콘들을 요소로 삼아 하나의 로고를 만든다면 어떤 모양이 될까? 아래의 그림이 야마구치 약국의 완성된 로고다.

실제 색깔까지 보여줄 수는 없지만, 주황색과 갈색, 담황색을 주로 하여 복고적인 분위기가 물씬 풍긴다. 실제로 약국에 가본 적이 없는 사람이라도 어떤 분위기이며 어떤 직원이 어떻게 대응할지 상상할 수 있을 것이다.

URL도 'www.yamaguchi-pharmacy.com' 식으로 대기업처럼 할 필요가 없다. 작은 회사의 URL과 대기업의 URL이 똑같을 필요는 없다. 대부분 URL은 로고와 짝을 이루고 있으므로 이런 점을 효과적으로 활용해 URL도 메시지로 전환하면 좋다. 야마구치 약국에서는 자신들의 일하는 방식을 URL에 담아 'www.genki-ageruyo.com('건강을 선사한다'는 뜻)'으로 정했다.

다시 기업 표어로 돌아가보자. 야마구치 약국의 기업 표어는 '상담 가능한 약방 주인'이다. 여기서 주목할 것은 '약방 주인'이란 말로, 굳이 사라져가는 말을 되살리고 있다. '약방 주인'을 약사라는 한자어로 쓰면 느낌이 사뭇 달라진다. 일부러 한자가 아닌 고객의 언어로 표현하고 있다는 점에서 이 약국의 친절함이 드러나며 복고적인 느낌까지 연출한다. 또한 주된 고객이 나이가 든 중노년층이므로 이들에 대한 배려도 내포되어 있다. 이처럼 한 글자 한 어구에 '의지를 담는' 것은 작은 회사의 브랜드 만들기에서 매우 중요하다.

로고를 꼭 멋들어지게 만들 필요는 없다. 로고와 인쇄물,

비주얼을 세련되고 감각적으로 만드는 것은 '이 회사는 크고 좋은 회사임이 분명하다'는 메시지를 은연 중에 전달해 고객들의 기대치를 높일 수 있다. 로고를 쇄신하는 데는 시간이 많이 걸리지 않지만, 사업의 질을 높이는 데는 어느 정도 시간이 필요하다. 지나치게 세련된 로고와 비주얼은 만들었지만 고객의 기대와 제공하는 서비스 내용이 부합되지 않거나, 직원들 수준이나 사내 체제가 로고를 따라가지 못하는 잘못을 저질러서는 안 된다. 작은 회사의 로고 만드는 데는 세련미도 중요하지만 고객과 직원의 수준에 맞는 '적당함'도 필요하다.

작은 회사 홍보물, 고객과 소통하는 브랜드 스토리 담기

　여기에서는 두 가지 인쇄물을 예로 들어 설명하려 한다. 우선 인쇄물이라고 하면 누구나 신경 쓰는 것이 명함이다. 명함 역시 큰 회사의 명함과 작은 회사의 명함을 같은 방식으로 대할 필요는 없다. 필자가 조언하는 작은 회사의 명함은 모두 반으로 접히는, 즉 커버가 달린 명함이다. 회사에 따라 다소 차이가 있지만 각 면은 기본적으로는 기승전결로 이루어져 있다. 브랜드의 탄생 일화가 적혀 있는 경우도 있고, 요금표가 실려 있는 경우도 있다. 비전이나 기업 신조(credo)를 명함에 공개하기도 한다.

　중요한 것은 명함을 교환한 후, 받은 사람이 취할 수 있는 행동을 명함속에서 미리 동선(動線)을 짜 제시하는 것이다. 명함을 교환한 후 받은 사람이 그 명함을 명함집에 넣어버리면 연하장을 주고받는 시즌이 될 때까지 두 번 다시 명함집 밖으로 나오지 못한다. 그러니 반으로 접히고 유머가 넘치는, 그리고 명함을 받고 돌아간 후에도 "있잖아, 오늘 만났던 사람이…"라며 이야기할 수 있는 명함을 만들자.

또한 뉴스레터 등을 발행해서 지속적으로 자사의 태도를 표명하는 것도 중요하다. 우리의 경험상 명함과 함께 뉴스레터를 건네면 그렇지 않은 경우와 비교해볼 때 큰 차이가 난다. 반으로 접히는 명함을 만들었다고 해도 회사의 생각과 사업을 전부 알리기에는 물리적으로 한계가 있다.

뉴스레터과 같은 홍보물은 보통 '대외적인 것'으로 여겨지지만, 작은 회사의 입장에서는 '대내적'인 비중도 매우 높다. 자사의 뉴스레터를 통해 '아, 사장님은 이런 식으로 생각하고 있구나', '이번 분기에는 이런 방향으로 나가는구나'라며 직원들과 회사 간의 상호이해가 깊어지는 경우도 많다. '직원 교육'의 일환으로 생각한다면, 뉴스레터 발행은 비용 대비 효과가 높으므로 추천할 만한 방법이다.

그러나 경험이 있는 사람이라면 알겠지만, 매달 뉴스레터를 발행하는 데는 제법 노력이 필요하다. 일단 뉴스레터를 발행하겠다고 결정했다면 굳은 각오가 필요하다. 이 말은 뉴스레터의 발행을 중지하게 되면 경영자가 생각하는 이상으로 회사의 신용도가 떨어지게 된다. 또한 '하겠다고 정한 일을 지속시키지 못하는 것은 아무래도…' 라는 식으로 회사 안팎에 부정적인 인상을 준다.

많은 경영자들이 이런 점을 깨닫지 못하는 이유는 경영자의 귀에 이런 이야기가 전해지지 않기 때문이다. 뉴스레터의 내용도 중요하지만, 뉴스레터의 본질은 지속성에 있다. 어떤 형태라도 좋으니 '계속해가는 힘'을 회사 안팎에 보여주는 것이 회사의 신용도는 물론이고 회사에 대한 직원들의 믿음을 높인다.

'뉴스레터를 발행하고 싶어도 매달 발행하는 것은 무리'라고 여기는 사람은 1년에 1번 발행해도 좋다. 필자들은 이를 '이어북(yearbook)'이라고 부른다. 이어북이란 미국의 고등학교에서 말하는 졸업앨범이다. 졸업앨범이라고 해도 우리나라처럼 졸업생만을 대상으로 한 앨범이 아니고, 전교생의 사진과 1년간의 활동이 실린다.

이와 마찬가지로 회사의 활동과 앞으로의 방향성, 회사 카탈로그를 겸한 이어북의 발행을 신문과 같은 형태로 1년에 한 번 제작하는 것은 그리 어렵지 않을 것이다. 이 안에 반드시 담았으면 하는 내용은 회사의 방향성을 보여줄 수 있는 사장의 인터뷰, 1년간 한 일, 사회활동 리포트, 고객의 목소리, 이를 듣고 개선하겠다는 언급 등이다. 매년 이어북을 발행한다면 직원도 고객도 협력 회사도 회사의 발자취와 방향성을 지금보다 잘 이해할 수 있을 것이다.

👁 팀 빌딩, 성공을 나누는 시스템 만들기

회사를 빛내는 사람은 경영자가 아니라 직원이다. 직원
이야말로 스스로 '브랜드의 표현자'라는 인식을 가지고 매
일 고객과 만나고 협력 회사를 접해야 한다. 여기서는 브랜
드 회사의 인재 육성에 대해 이야기하려 한다. 팀 빌딩
(Team Building)이라는 용어를 보면 알 수 있듯이, 직원을 통

제하는 것이 아니라 '팀을 만든다'는 사고가 스태프 브랜딩을 하는 데 중요하다. 지시도, 관리도 아니다. 목표는 '성공을 함께 나눌 수 있는 팀을 만드는 것'이다. 지시하거나 혹은 통제하겠다는 생각으로 경영한다면, 아무리 시간이 지나도 사장은 현장을 떠날 수 없다. 사장이 자신의 업무에만 집중할 수 있도록 하기 위해서라도 보다 빠르게 팀 빌딩에 착수하는 편이 좋다.

팀 빌딩에는 인간적인 접근 방식과 시스템적인 접근 방식의 두 가지가 있다. '사람 대 사람'으로 행해지는 인간적인 접근 방식은 사장이나 매니저급이 직접 커뮤니케이션을 취하면서 진행하는 방식이다. 이 방식은 동서고금을 막론하고 매우 중요하며, 많은 리더들이 매일 여기에 매달려서 많은 시간을 투자하고 있다.

그러나 인간적인 접근 방식만으로는 한계가 있다. 사장이나 매니저에게도 시간적인 제한이 있어서 24시간 내내 부하에게 붙어 있을 수는 없다. 그러므로 시스템적인 접근 방식을 동시에 진행시켜야 한다. 시스템적인 접근 방식이란 구조를 가리킨다. 사장이나 매니저가 없어도 '구조적으로'

동기를 부여하거나 직원들이 브랜드의 힘을 유지시키고 향상시킬 수 있도록 만드는 것이다.

　우리들이 목표로 하는 것은 '자립형 팀'이다. 직원 한 사람 한 사람이 지시나 명령 없이도 자립적으로 업무를 추진할 수 있는 팀이다. 브랜드 회사가 자립형 팀을 두는 것은 필수사항이라고 해도 좋다. 고객이나 협력 회사 등 회사와 관련된 사람들과 매일 접하고 브랜드를 빛내는 주역은 직원 한 사람 한 사람이기 때문이다. 자립형 팀을 만들 때 가장 중요하고 먼저 해야 할 일은 '직업관의 공유'다. 일이 단순한 노동이 아니라 자신의 인생에 바람직한 영향을 주고 있다는 사실을 깨닫는다면 자연스레 일을 소중히 여기게 되기 때문이다. 직업관을 공유하기 위해서 사장이 매일 이야기해도 좋겠지만 이는 쉽지 않은 일이다. 그러므로 이를 문장으로 만들어 누구든지 언제든지 되풀이 읽을 수 있도록 만든다. 이것이 기업 신조(credo)다.

기업 신조, 작은 회사를 성장시키는 마법의 주문

크레도를 직역하면 '신조' 라는 뜻이다. 이를 사전에서 찾아보면 '굳게 믿고 지키는 생각' 이라고 정의되어 있다. 필자들은 기업 신조를 '마음의 규칙', 사풍(社風)을 만들어 내는 '직장의 입버릇' 이라고 설명한다.

기업 신조는 매뉴얼이 아니므로 세세하고 장황하게 만들 필요가 없다. 마음에 와닿는 선에서 큰 틀을 염두에 주고 회사의 직업관을 밝히면 된다. 리츠칼튼 호텔의 기업 신조는 널리 알려져 있다. 요즘은 조금 길어진 리츠칼튼 호텔의 기업 신조도 처음에는 이 한 문장에서 시작했다.

We Are Ladies and Gentlemen Serving Ladies and Gentlemen.

'신사 숙녀를 모시는 우리들도 신사 숙녀입니다.'

너무나 유명한 문장이므로 어딘가에서 들은 적이 있으리

라 생각한다. 이처럼 직업에 대한 자세를 문장으로 나타내 공유하고 직원들에게 인지시키는 일은 꾸준한 노력이 필요한 작업이지만 사장이나 핵심 인물 없이도 회사가 계속 발전하기 위해서는 꼭 필요한 활동이다. 앞서 소개한 스타 브랜드 회사에도 기업 신조가 있다. 그중 한 가지는 다음과 같다.

'눈이 내려도 자신의 책임'

이 문장에는 '한 사람 한 사람의 직원이 결코 변명하는 일 없이 강한 책임감을 가지고 자신의 일을 완수하자, 자신이 선택한 길이므로 절대로 불평하지 말자'는 의미가 담겨 있다. 앞에서 말했지만 기업 신조는 매뉴얼이 아니다. 대략적인 의미가 정해져 있기는 하지만 직원은 '회사의 직업관'을 더욱 깊고 자유롭게 해석해서 일상 업무에 반영한다.

어떤 식으로 쓰든 상관없다. 회사의 브랜딩을 위해서만은 아니다. 사장의 부담을 덜기 위해서라도 직업관이나 직장 내의 언어 습관, 회사의 문화를 나타낼 수 있는 문장을 종이에 적어보라. 멋들어지게 쓰려고 애쓸 필요는 없다. '인사는 꼭 자신이 먼저 하자'와 같이 아주 기본적인 사항을 적는 것도 괜찮고, 사장이 늘 입 아프게 말하는 내용을 기업 신조로 삼아도 상관없다.

기업 신조가 인쇄된 명함 크기의 카드를 '크레도 카드'라고 부른다. 기업 신조가 완성되었다면 이를 크레도 카드로 만들어라. 시판되고 있는 명함용 프린트 용지에 인쇄해도 된다. 그리고 이를 직원에게 나눠주라. 항상 휴대하면서 몇 번이고 되풀이 보는 것이 중요하다. 손때가 묻고 닳아 있는 편이 애착도 생겨 좋다. 이때 주의할 일은 기업 신조를 만드는 동시에 기업 신조에 적힌 한 문장 한 문장을 직원들이 깊이 이해하고 실행하도록 회사의 일상 업무에 구조적으로 짜 넣지 않으면 그 효과가 반감된다는 점이다.

👁 기업 신조의 사용법과 운영법

작은 회사일수록 하루라도 빨리 기업 신조를 만드는 편이 이득이다. 이는 큰 회사보다 작은 회사가 크기나 일하는 직원 수를 따져봐도 직장에 기업 신조를 침투시키기가 훨씬 수월하기 때문이다. 기업 신조는 '직장 내의 언어습관이기도 하다'라고 말했는데, 이를 위해서는 특별한 프로그램이 필요하다. 여기서는 기업 신조를 특화한 미팅에 대해 설명하겠다. 일주일에 한 번이라도 상관없다. 월요일 아침이나 금요일 저녁이 가장 좋을 것이다. 이를 '크레도 루틴(credo routine)'이라고 부른다. 미팅 시간은 10~15분 정도다. 크레도 카드에 기업 신조가 몇 개의 항목이 있든 한 번의 미팅에는 한 가지 항목에 대해서만 이야기를 나눈다. 그리고 다음 항목은 그다음 시간에 한다. 참가 인원 수가 너무 많으면 시간이 걸리므로 크레도 루틴을 위한 모임당 인원 수는 최대 5명 정도로 정하는 것이 좋다.

크레도 루틴을 할 때는 그 주의 리더를 정하라. 리더는 돌아가면서 맡는다. 이 미팅에서 직책은 상관없다. 사장이나 임원도 동등한 입장에서 미팅에 참가해야 한다. 사장이나 매니저급이 크레도 루틴의 리더를 자주 맡으면 시간이 지나도 팀이 자립하거나 미팅이 자율적으로 시행되는 것이 늦어진다. 크레도 루틴에서 리더를 맡는 것은 그리 어려운 일이 아니다.

크레도 루틴을 할 때는 우선 원을 그려 앉는다. 참가자들의 손에는 자신의 크레도 카드가 쥐어져 있다. 리더는 우선 그날 모두와 이야기를 나눌 기업 신조의 한 항목을 소리 내어 읽는다. 그리고 그 기업 신조와 관련된 의견이나 최근 있었던 에피소드 등을 1분 동안 모두에게 이야기한다. 이야기를 마치면 각 참가자들은 순서대로 기업 신조와 관련된 '최근 경험한 일' 등을 이야기한다. 주어진 시간은 1분 정도다. 이때 다른 참가자가 이야기한 내용을 비판하거나 부정적인 의견은 말하지 않도록 하자.

원을 이루고 있으므로 마지막으로 리더에게 순서가 돌아온다. 그러면 리더는 모두의 의견을 1분 정도 동안 정리해 말하고 미팅을 마친다. 리더는 반드시 긍정적인 분위기로 이 자리를 마쳐야 한다. 이런 미팅을 매주 꾸준하게 하라.

그러면 1년 후에 팀워크나 일하는 방식에 큰 변화가 생길 것이다. 크레도 루틴은 함께 일하는 직원이 가진 의외의 면을 발견할 수도 있다. 크레도 루틴을 하면 직원들로부터 '(사장님께) 친근감을 느꼈다', '전보다 직원들과 사이가 좋아졌다'는 소리를 들을 수 있다.

사장이나 매니저가 먼저 "크레도 루틴을 하자"고 말을 하지 않아도 직원들끼리 자율적으로 크레도 루틴을 하게 되었다면 완전히 정착되었다고 볼 수 있다. 크레도 루틴의 효과를 알아보는 한 가지 방법은 기업 신조에 적혀 있는 내용이 사원의 입버릇이 되었는가 하는 것이다. 입버릇이 되기 시작했다면 이는 희소식이다. Part 1에 등장한 가사 대행 서비스의 대표적인 브랜드 회사인 '베어스'의 다카하시 유키 전무는 회사 안을 돌아다니며 "크레도 카드 갖고 있어요? 있으면 좀 보여줘요"라며 학교에서 불시에 하는 소지품 검사처럼 직원이 크레도 카드를 휴대하고 있는지 확인한다(베어스에서는 기업 신조를 '베어스 DNA'라고 부른다). 또한 이것이 가장 중요한 업무로 자리 잡고 있다. 그 결과, 베어스의 직원들은 모두 브랜드 표현자가 되었다.

반복, 팀 빌딩과 리더십의 핵심 원리

"몇 번을 말해야 알겠나?"

"똑같은 말 두 번 다시 하지 않게 해주게나."

이런 말을 직원에게 무심코 하고 싶어진다면, 심호흡을 하고 이렇게 생각해보라.

'원래 사장이 전달하고픈 말의 10%도 직원들에게 전달되지 않는다.'

사장의 말은 처음부터 '전달되기 어렵다'고 생각하는 편이 '도대체 왜 모르는 걸까?'라며 매일 머리를 쥐어짜고 괴로워하는 것보다 스트레스도 덜 받고 건강에도 좋다. '10% 밖에 전달되지 않는다'고 한다면, 한 가지 내용을 확실하게 이해시키려면 '적어도 열 번은 전달해야 한다'는 말이 된다. 그래도 괜찮다. 그것이 사장이 하는 일이다. '같은 사항을 열 번 말하기 위해서' 남보다 많은 보수를 받고 있다고 생각하면 된다. 하지만 실제로 리더의 극히 중요한 업무인 반복해서 전달하는 일을 회피하려는 경영자들이 많다. 성공을 함께 나눌 수 있는 최고의 팀을 만드는 입장에 있는 것은 매우 행복한 일이지만 이런 팀을 만드는 것도, 기업 신조도 매우 꾸준한 노력이 필요한 작업이다. 어쨌든 팀 빌딩에 관한 모든 일에는 '반복'이 필요하다.

칭찬, 직원에게 주는 마음의 영양소

세대에 따라 '일'과 '일하는 방식'에 대한 사고방식이 크게 다르다. 그러나 천천히 이야기를 들어보면 업종이나 연령에 관계없이 많은 사회인들이 '일에서 보람을 느낄 때는 누군가를 기쁘게 했을 때'라고 입을 모은다. 누구나 칭찬을 받으면 기쁘고, '자신의 존재가 사회와 직장에 도움이 된다'는 자존감을 느끼고 싶어 한다. 이는 동서고금을 막론하고 똑같다.

세상 사람들로부터 부러움을 살 만한 회사는 직원들끼리 서로 칭찬하는 '유쾌한 직장'이다. 공포감이 가득한 '무서운 브랜드 회사'는 존재하지 않는다고 해도 과언이 아니다. 좋은 회사가 유쾌한 분위기를 띠는 것은 사장이 솔선해서 직원들에게 '마음의 영양소'를 주기 때문이다. 직원들에게는 '마음의 영양소'가 필요하다. 예를 들어 1년에 한 번 '고객에게 들은 기쁨의 목소리'를 책자로 만들거나, 감사하는 메일이나 편지만을 모아 파일을 만들거나, 메일링 리스트(mailing list)에서 '칭찬 받은 일'을 함께 나누는 등 다양한 방법을 고안할 수 있다.

어느 음식점에서는 직원들끼리 서로 칭찬하는 문화를 뿌리내리게 하기 위해 커다란 종이를 사무실 벽에 붙이고 이를 '칭찬 포스터'라고 부르며 서로의 장점이나 팀원들에 대한 감사의 말을 자유롭게 적도록 하고 있다.

일본 고후(甲府) 시에 있는 주얼리 업체인 '산호샤(山宝社)'에서는 한 달에 한 번, 내근 직원들이 밖으로 도는 영업 직원들을 위로하는 날을 정해서 손으로 쓴 카드와 과자를 대접한다.

축구 시합 중에 지쳐 있을 때 누군가 골을 넣으면 그 팀의 모티베이션이 갑자기 높아지고 힘이 넘쳐흐른다. 지쳐 있어도 몸이 가벼워진다. 이처럼 일하는 중에 들려오는 '고객에게 들은 기쁨의 목소리'는 일하는 직원들의 몸과 마음을 상쾌하게 만든다.

"사람은 행복하기 때문에 웃는 것이 아니다. 웃으니까 행복한 것이다."

이 말은 회사에도 적용할 수 있다. 웃음이 넘치는 유쾌한 직장에 인재도 기회도 찾아오는 법이다.

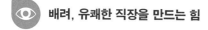 **배려, 유쾌한 직장을 만드는 힘**

'유쾌한 직장'을 만들기 위해 추천하는 방법은 '두루 배려하는 사람'을 적극적으로 채용하라는 것이다. 평소에 '두루 살피고, 싹싹하고, 배려를 잘하는' 직원은 밝고 명랑한 직장을 만드는 핵심 인물이 되는 경우가 많기 때문에 기술이나 경험이 부족하더라도 이런 사람을 채용하도록 조언하고 있다. 그러나 '두루 배려하는 능력'은 회의실에서 이력서를 뒤적거리는 기존의 면접 방식으로는 좀처럼 알 수가 없다.

프랑스의 유명한 식도락가였던 브리야사바랭(Brillat-Savarin)은 "그 사람이 무엇을 먹고 있는지 알려준다면 어떤 사람인지 맞출 수 있다"고 말했다. 이를 적용해보자. 면접을 열 번 보는 것보다 식사나 차를 한 번 함께하는 편이 그 사람의 인간성이나 배려심을 잘 알 수 있는 법이다.

두루 배려하는 사람을 채용하기 위해서는 면접 장소를 사무실에서 공공장소로 옮겨야 한다. 셀프서비스를 하는 카페 등이 최적의 장소다. 테이블까지 주문을 받으러 오는 카페는 안 된다. 가능한 한 체크 포인트를 많이 설정하기 위해서라도 셀프서비스를 하는 카페에서 면접을 보는 것이 중요하다.

오늘 면접을 보러 온 사람은 A씨다. 당장 입사 응시자와 근처에 있는 셀프서비스 카페에 가기로 했다. 우선 당신이 카페로 들어가는 문을 열어준다. A씨의 반응은 어떨까? 그 문을 아무 말 없이 통과할까? 아니면 "먼저 들어가시죠"라며 당신이 먼저 지나가도록 배려할까? 혹은 감사의 말을 하거나 가볍게 고개를 숙이고 지나갈까? 이런 간단한 행동만으로도 그 사람이 어느 정도 남을 배려하는지 평가할 수 있다. 이번에는 카운터에서 "무엇을 마실래요?"라고 당신이 묻는다. 그때 A씨는 스스럼없이 먼저 주문할까? 아니면 당신이 주문하는 것을 듣고 나서 주문할까? 당신이 제일 작은 사이즈의 커피를 주문했다면 A씨는 무엇을 주문할까? 그란데 사이즈의 녹차 프라푸치노를 주문한다고 치면 A씨의 배려 정도는 노란불이다. 당신이 돈을 지불한다. A씨는 그 모습을 보고 감사하다고 인사할까? 호주머니에 있는 지갑에

손을 대고 조금이라도 돈을 지불하려는 동작을 취할까? 자신의 것까지 지불해준 대가로 먼저 자리를 잡아놓거나 "제가 가져갈 테니 자리에 앉아 계세요"라고 말했다면 훌륭하다. 한 잔의 커피에도 감사의 말을 할 수 없다면 입사 후에도 비용 의식이 낮은 직원이 될 가능성이 높다.

다 마신 후에 잔을 치우는 모습에도 주목하라. 물론 먼저 잔을 치우려고 하는지도 체크해야 할 사항이다. 잔을 치우고 쓰레기를 분리하는 것을 보면 환경 의식과 도덕심도 알 수 있다. 나갈 때는 어떨까? 들어올 때 배운 점이 있다면 더 나은 행동을 할 수 있을 것이다.

이처럼 카페에서 차를 한 잔 함께 마시는 것만으로도 남을 배려하는 정도를 알 수 있다. 사회적으로 환영 받는 회사에서 일하는 직원들에게는 IQ 이외에도 EQ가 필요하다. 회사에 두루 살피고, 싹싹하고, 배려하는 직원이 있느냐 없느냐하는 것은 회사의 브랜드나 밝고 명랑한 분위기의 직장과 크게 관련된다.

또한 크기가 작은 회사인 경우, 새로운 직원을 채용할 때 사장이 혼자 결정할 것이 아니라 기존에 있는 사원 전원에게 동의를 얻도록 하라. 사장보다는 기존 직원들이 새로운 직원과 접하는 시간이 많다. 그러니 그들이 기분 좋게 일할 수 있도록 배려하는 것도 유쾌한 직장 만들기를 위해 중요한 일이다.

인터넷 검색 엔진 회사로 유명한 구글도 창업 초기에는 기업 문화를 지키기 위해 직원 전원이 'YES'를 해야 새로운 직원을 채용했다. 한 사람이라도 'NO'라고 말하면 아무리 사장의 마음에 들어도 채용하지 못했다. 하지만 지금은 회사 규모가 너무 커져서 더 이상 이런 방법은 어려운 모양이다.

비전의 공유, 브랜드 회사로 가는 지름길

고객이 '회사를 바라보는 눈'은 해마다 엄격해지고 있다. 고객은 당신의 사업과 관련된 '모든 사람'들을 보고 좋은 회사인지 아닌지를 판단한다. 우리들 역시 컨설팅 현장에서 함께 일하는 회사나 협력 회사, 파트너의 선택 방식을 신중하게 검토하라고 조언한다. 그 이유는 팀 전체가 브랜드로 보이려면 자사와 협력 회사가 잘 어울려야 하기 때문이다. 따라서 완벽한 브랜드를 만들기 위해서는 자사의 직원뿐만 아니라 아르바이트나 외부 스태프들에게도 '회사가 이루고 싶은 일'이나 '회사의 직업관'을 전달하지 않으면 안 된다. 그뿐 아니라 협력 회사의 직원들을 비롯하여 사업과 관련된 모든 사람들을 회사의 브랜드 만들기에 동참시키는 것이 중요하다.

이는 법규 준수(compliance)와 위험 분산(risk hedge)의 관점에서도 매우 중요한 일이다. 아무리 내세울 만한 브랜드 회사를 구축해도 관련된 회사가 법을 준수하지 않거나 도덕에 반하는 행위를 하고 있다면 이는 브랜드에도 영향을 미친다.

그러므로 회사와 관련된 모든 사람들이 같은 이상향을 그리면서 일하는 것이 브랜드 회사다운 대처 방안이라고 할 수 있다. 우리 컨설팅 회사가 지원하는 기업에서는 관련 회사도 함께 참석하는 회의를 정기적으로 개최한다. 나이키나 스타벅스는 법규 준수를 위해 각 협력 회사에도 엄격한 기준을 적용한다.

상품이나 서비스의 직접적인 구매자인 고객을 향한 브랜딩이 아니라 협력 회사나 관련된 외부 직원에게 '우리가 목표로 하는 브랜드란 무엇인가?'를 전달하는 것을 인터널 브랜딩(Internal Branding, 내부 지향 브랜딩)이라고 한다.

아무리 회사가 작아도 인터널 브랜딩에 힘을 쏟는 일이 중요하다고 생각한다. 지금 할 수 있는 쉬운 일부터 시작해도 상관없다. 회사의 사업과 관련된 사람들을 모아 '우리 회사가 목표로 하는 일'을 정기적으로 함께 나누거나, 앞에서 거론한 이어북을 배부하거나 이어북에 협력 회사에 관한 기사를 싣거나 하는 것도 좋다.

중요한 점은 감사의 마음을 나타내는 것이다. 협력 회사 없이는 일이 안 된다. 1년에 한 번이라도 좋으니 '당신의 회사는 우리 회사에 둘도 없는 존재'라는 사실을 사업과 관련된 모든 사람들에게 전하자. 어떤 회사에서는 1년에 한 번 협력관계에 있는 회사를 방문해 직장 체험을 하면서 상호이해와 감사의 마음을 다지고 있다.

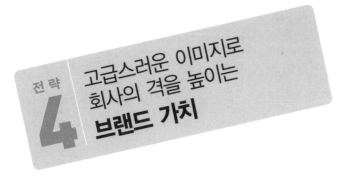

전략 4

고급스러운 이미지로
회사의 격을 높이는
브랜드 가치

 커피 한 잔에 9,000원 하는 카페를 열자

이제 카페를 열자. 같은 상권 내에는 커피를 마실 수 있
는 경쟁 카페들이 무수히 많을 것이다. 대충 계산해보니 그
지역에서 커피 한 잔의 평균 가격은 약 4,000원이라 하자.
하지만 우리들은 굳이 '한 잔에 9,000원'이라는 비싼 가격
에 커피를 파는 카페를 열고 싶다고 생각한다. 그렇다고 해

도 카페의 크기나 위치는 다른 카페에 비해 특별히 나을 것이 없다. 인테리어나 찻잔도 평범하다. 솔직히 고객이 커피 한 잔에 9,000원씩이나 기꺼운 마음으로 지불할 수 있을지 어떨지 지금은 알 수가 없다. 그렇다면 과연 어떻게 했을때 고객은 9,000원짜리 커피를 기분 좋게 마실 수 있을까?

필자는 일본 방방곡곡에서 세미나 등을 통해 많은 사람들에게 이 질문을 던졌다. 여기서 말하고 싶은 점은 '가격을 내리지 말고 가치를 높이라'는 것이다.

'다른 카페에서는 4,000원 정도 하니까 그 가격은 애초부터 무모하다'고 포기해버리면 브랜드 회사로 가는 길은 멀고 험난할 뿐이다. 브랜드 회사는 다소 비싸더라도 고객이 기쁜 마음으로 비용을 지불할 수 있어야 한다. 이것이 실현될 수 있도록 사장을 비롯한 직원이 매일 '회사의 가치를 높이는 일'에 매달려야 한다.

예를 들어 이런 방법은 어떨까? 카페에 오는 고객의 얼굴과 이름, 좋아하는 커피 취향, 마시는 스타일 등을 재빨리 파악해 어느 직원이 고객을 대하더라도 차이가 없을 정도로 정보를 공유한다. 일주일에 한 번 고객 관리를 위한 미팅을 열어 '고객 한 사람 한 사람이 특별 대접을 받고 있다'고 느낄 수 있도록 손님 접대에 최선을 다한다. 고객의 이름을 알아내는 데는 어느 정도 아이디어가 필요하겠지만, 이를 위해 앙케트를 준비하거나 직원들이 대화의 기술을 연마하면 가능하다. 고객의 생일을 알기 위해 점을 봐준다는 핑계를 대고 알아낼 수도 있다.

어떤 고객이든 자신을 VIP로 대접해주는 가게, 자신의 이름을 기억하는 가게를 단골집으로 삼고 싶어 한다. 커피 한 잔에 9,000원이면 매일 들르기가 힘들지도 모른다. 하지만 '가격이 저렴할 뿐'인 카페보다는 오랫동안 찾을 가능성이 높다.

직원에게서 "○○씨, 안녕하세요? 오늘 넥타이 멋지시네요. 늘 마시던 것으로 준비할까요?"라는 말을 듣는다면 기분이 좋을 것이다. 그런 카페에는 친구와 함께, 혹은 거래처 담당자를 만날 때 가고 싶어진다. 고객이 누군가를 데리고 왔을 때 "어머, 오늘은 친구 분과 함께 오셨네요"라며 그 친구도 단골손님으로 끌어들인다면 고객의 수도 점점 늘 것이다.

야마나시 현에는 이와 비슷한 방식으로 영업하고 있는 전통 있는 찻집이 있다. 20번 국도 근처에 있는 '돌체'다. 그곳에 가면 손님 이름을 어찌나 빨리 외우는지! 인근의 찻집은 점점 매출이 떨어지는데도 그 찻집만큼은 여전히 많은 사랑을 받고 있다.

경쟁력, 가격보다 높은 가치를 제공한다

'가격을 내리지 말고 가치를 높인다.'

이것이야말로 작은 회사의 경영자가 되짚어봐야 할 새로운 발상이다. 가격을 내리는 일은 초등학생이라도 할 수 있다. 그러나 단기적으로는 잘될지 몰라도 금방 가격 경쟁에 내몰려 중장기적인 경영 불안을 해소할 수가 없다. 우리들은 고객을 비롯해 회사와 관련된 모든 사람들을 행복하게 하기 위해 사업을 한다. 그 사업을 영속시키기 위해서는 이익이 필요하다. 그러나 '이익을 올리는 일'을 피하는 작은 회사의 경영자들이 적지 않다. 이익을 올리는 일은 피하고 안이하게 가격 내리는 일만 되풀이한다면 사업경쟁력은 결코 강화될 수 없다. 또한 그 회사에서 일하는 직원들도 가격을 할인해주는 것이 습관이나 체질이 되어서는 영업력이 있는 비즈니스맨을 육성할 수 없게 된다.

브랜드 회사는 기본적으로 가격을 할인하지 않는다. '가격을 할인하지 않는다'라고 기업 신조에 명기하는 회사도 많다. 또한 '가격을 할인하지 않는 선언서'를 작성하고 각 직원들에게 서명을 받아 회사 내에 존재하는 '할인 습관'을 개선하기 위해 노력하기도 한다. 현재 손쉽게 가격 할인을 하는 경향이 있는 회사는 꼭 참고하기 바란다.

👁 가격은 비용의 합산이 아니다

'브랜드는 비싸다'는 이미지를 가지고 있는 사람이 적지 않다. 그러나 브랜드는 가격대별로 존재한다. 에르메스도 브랜드지만, 유니클로 역시 브랜드다. 그러나 작은 회사는 '조금 비싼 정도'의 가격을 책정할 수 있는 브랜드를 지향하는 것이 좋다.

교세라 그룹의 창업자인 이나모리 가즈오(稻盛和夫)는 "가격 책정이야말로 경영이다"라고 말했다. 그 정도로 가격 책정은 경영에서 중요한 화두다. 그러나 작은 회사의 가격 책정은 그다지 깊이 고민하지 않고 결정한 듯한 인상을 받는 경우가 많다. 단순히 경쟁사를 기준으로 삼아 가격을 책정하거나, 제조 원가, 운송비, 기타의 경비를 산출하고 거기에 상식적인 이익을 더한 정도의 가격을 정하는 것이 일반적이다. 또한 매번 고객의 할인 요구에 응해 상품이나 서비스를 판매하는 작은 회사도 적지 않은데, 이래서는 고객이 가격을 책정하고 있는 셈이다.

브랜드 회사는 스스로 가격을 책정한다. 스스로 책정한 가격이므로 '적정 가격'이라는 자신감이 있다. 타사에 비해 다소 가격이 비싸더라도 가격을 내리지 않고 '그래도 고객이 기꺼이 돈을 지불하도록 하기 위해서는…'이라며 매일같이 상품이나 서비스, 회사 자체의 가치를 높이기 위한 방법을 생각한다. 가격은 단순히 '비용의 합산'이 아니다. 또한 가격 책정에는 '어떤 소비자들을 고객으로 삼고 싶은가?' 하는 판매자 측의 메시지도 포함되어 있다.

세미나에서 이런 이야기를 들은 적이 있다. 어떤 사람이 유럽에서 나무 완구를 수입해 인터넷을 통해 일본에서 판매하고 있었는데, 어느 시점까지는 아주 수준 높고 훌륭한 고객들을 상대하고 있었다. 하지만 그 후 여러 경쟁사들이 e-커머스(전자상거래)에 뛰어든 것을 계기로 그의 쇼핑몰도 대대적으로 가격 할인을 단행했다. 그러자 고객의 질이 바뀌었고, 불합리한 클레임에 대처하느라 막대한 시간과 에너지를 낭비해야만 했다고 한다.

'가격에 대한 개념'을 직원에게 인식시켜라

어느 회사가 창업 첫날부터 '가격 할인은 절대 하지 않는다'라고 정했다. 하지만 매일 '가격을 깎아달라'고 요구하는 고객이 있었다. 그 회사의 직원도 이전에 다니던 직장에서 가격을 할인해주던 업무 방식이 몸에 배었기 때문에 "사장님, 가격을 깎아주면 구매하실 것 같은데요"라고 끊임없이 이야기했다. 하지만 사장은 절대로 할인 요구를 받아들이지 않았다. 사장은 가격 할인 이야기가 나오면 담당 직원이 보는 앞에서 직접 그 고객에게 전화를 걸었다. 그리고 일부러 사무실 사람들이 듣게끔 이렇게 설명했다.

"저희들은 정가로밖에 제품을 판매하지 않습니다. 저희 회사가 가격을 할인할 때는 가격 자체를 변경할 때뿐입니다. 고객의 요구에 따라 가격을 조정하지는 않습니다. 그러니 이 가격이 만족스럽지 않으시다면, 죄송합니다만 다른 회사 제품을 구매해주십시오."

그리고 직원들에게 "가격을 할인해주고 제품을 파는 일

은 누구나 할 수 있네. 초등학생이라도 할 수 있을걸. 하지만 그렇게 해서는 회사의 진정한 가치를 높일 수 없네. 가격을 깎아주는 일은 곧 자존심을 깎는 일이나 같아. 자네에게도 아무런 도움이 안 돼"라며 설득했다. 지금은 직원들도 절대 할인 요구를 들어주지 않으며, 타사와 비교해도 비교적 비싼 가격으로 제품을 판매한다. 하지만 이 회사는 고객들에게 업계에서 으뜸으로 손꼽히는 '작은 브랜드 회사'가 되었다.

'고객을 기쁘게 하는 것'이 상품

　회사의 고객들을 팬이라고 부를 만한 존재로 만들기 위해서는 상품이나 서비스를 판매하는 것을 일이라고 여기지 않고 '고객을 기쁘게 하는 것'을 상품이라고 생각하는 자세가 중요하다. 성공한 작은 회사는 그 내부를 들여다보면 의외로 고객이 소수인 경우가 많다. 물론 그런 회사는 나중에 고객이 고객을 불러 모아 많은 팬을 거느리게 되지만, 처음에는 그렇지 못하다. 이런 현상은 팬을 만드는 메커니즘을 잘 말해준다. 창업을 한 지 얼마 안 된 초창기에는 '될 수 있는 한 많은 고객들이 찾아왔으면 좋겠다'며 열심히 마케팅과 영업 활동을 하지만 1,000명이 그 서비스를 체험했다고 해도 이용자의 감상이 '그저 그렇다'에 그친다면 사업은 부진해진다. 반대로 이용자가 100명밖에 안 되어도 고객들이 '대만족!'이라고 말하는 회사는 그 후에 비약적으로 발전한다.

'100명을 100% 기쁘게 만드는 것'은 간단한 듯 보여도 매우 힘든 일이다. 하지만 그 일이 가능하다면 1만 명이라도 기쁘게 만들 수 있다. 그 때문에 우리들은 컨설팅 현장에서 우선 '첫 100명의 고객' 혹은 '자신이 중요하게 여기는 100명'에게 집중하도록 한다. 이는 고객을 차별하거나 고객에게 순위를 매기라는 이야기가 아니다. '고객을 기쁘게 하는 것이 상품'이라는 생각을 굳건히 하기 위한 도전이다.

우선은 '100명의 소중한 고객'의 목록을 작성하자. 그리고 100명을 만족시킬 수 있도록 노력하자. 창업 초기의 고객이라도 좋고 늘 찾아주는 고객이라도 좋다. 이전과 달리 자주 찾아주지는 않지만 '앞으로도 계속 좋은 관계를 유지하고 싶은' 고객이라도 좋다. 어쨌든 이 100명만은 평생을 두고 기쁘게 만들 수 있도록 하자. 어떤 회사에서는 '소중한 100명의 목록'을 돈보다도 소중히 여기며, 오랫동안 그 목록에 실려 있는 고객을 관리하는 데 힘쓰고 있다. 선전이나 영업 따위는 일절 하지 않는 회사라도 고객은 갈수록 늘어만 간다.

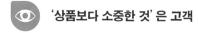 **'상품보다 소중한 것'은 고객**

컨설팅 현장에서 느끼는 점은 의외로 '고객에게 별 흥미가 없는 회사'가 많다는 것이다. 신기하게도 상대에게 흥미를 가지면 상대도 내게 흥미를 느끼게 된다. 개는 '개를 좋아하는 사람'을 알아보듯이, 상대의 '호감'은 반드시 본인에게 전해진다. 그러므로 고객과의 관계를 '별안간 서로 좋아하게 됐다', '첫눈에 반했다'와 같은 우연에 맡기기보다는 판매자들이 먼저 '고객을 아주 좋아하게 됐다!'고 생각하는 자세가 현명하다고 할 수 있다.

그렇다고 해도 다양한 타입의 고객이 시장에 존재하므로 불특정 다수의 사람을 좋아하는 것은 어느 정도 리스크가 있다. 그러므로 판매자 쪽에서 '고객으로 삼고 싶은 고객'을 선택하는 것도 필요하다. 하지만 유감스럽게도 '내가 돈을 지불하니까', '내가 고객이니까'라며 고객의 입장을 이용해 불합리한 요구를 하는 사람들이 늘고 있다. 하지만 고객이 판매자를 선택할 권리가 있듯이, 마찬가지로 상품이나 서비스의 제공자인 판매자도 고객을 선택할 권리가 있다.

한 가지 아이디어로 "이런 고객은 저희 쪽에서 사양합니다"라며 회사의 입장에서 '달갑지 않은 고객의 모습'을 몇 항목 정도 인쇄물이나 홈페이지의 눈에 잘 안 띄는 곳에 기재해둔다. 이는 어디까지나 만일의 경우에 대비한 것이므로, 이 목록이 부각되거나 이로 인해 고객의 심기를 불편하게 만들어서는 안 된다. 단지 얼마나 요령 있게 하느냐가 중요하다. 회사 측이 고객을 달갑게 여기지 않거나 안 보이는 데서 불평한다면 고객은 민감하게 감지할 수 있다.

1급 건축사이자 '머티리얼 월드(material world)'라는 건축 자재 수출입업에 종사하는 호리베 도모히로(堀部朝廣)는 반으로 접히는 자신의 명함에 '이런 고객과의 거래를 간절히 기다리고 있습니다'라며 판매자 쪽에서 '좋아하는 고객상'을 제시하고 있다. '이런 고객과 상생하고 싶다'는 호리베의 적극적인 사고가 표현되어 있는 재미있는 아이디어다.

'신규 고객보다 소중한 것'은 단골 고객

미국의 비즈니스 컨설턴트 J. 에이브러햄은 매출을 올리기 위해서는 '신규 고객을 확보한다', '재방문율을 높인다', '고객 단가를 높인다'는 세 가지 사항을 확립해야 한다고 말한다. 그리고 이 중 한 가지에 집중하고 다른 두 가지를 유지시킬 수 있다면, 매출은 반드시 올라간다고 한다.

이 세 가지 중 브랜드 회사가 가장 중시하는 것은 '재방문율을 높인다'는 것이다. 놀랄 만한 재방문율을 자랑하는 회사도 많다. 그런 회사는 고객과의 관계를 결코 일회성으로 여기지 않는다. '한 번뿐인 매상이 아니라 평생 매상'이라고 생각해 좋은 관계가 영원히 지속되도록 노력한다.

과연 재방문 고객이 없는 회사나 점포를 '브랜드'라고 부를 수 있는지 의문스럽다. 브랜드는 몇 번이나 다시 방문할 가치가 있고 친구들에게도 자신 있게 추천할 수 있는 곳이어야 하며, 판매자도 이를 목표로 삼아야 한다. 때로는 "아버지가 좋아하셨어, 저 브랜드"라며 세대를 초월해 사랑 받을 정도가 되어야 한다.

브랜드 만들기는 '재방문 고객 만들기'를 목표로 삼지 않으면 의미가 없다. 애초부터 '다시 찾는다, 입소문으로 소개된다'는 전제 아래 사업을 설계하자. 이런 일들이 축적되면 한 사람당 고객 창출 비용이 훨씬 줄어들 것이다.

진부해 보이지만, '평생 함께할 수 있는 회사'가 되는 데 가장 중요한 점은 '성실함'이다. 지금까지는 '강한 회사 = 약아빠진 회사'라고 생각했지만, 앞으로는 '성실하면서 강한 회사'의 시대다. 기업의 경영 위기가 계속되는 요즘, 성실하게 '당연한 일을 당연하게 하는 회사'가 되는 것만으로도 브랜드 회사가 될 수 있다.

👁 일을 즐기면 고객은 '팬'

'고객이 아닌 팬이 있다.'

'사업과 관련된 모든 사람들을 팬으로 만들자.'

이 책에서 몇 번이나 되풀이한 메시지이지만, 마지막으로 가장 간단하게 '고객을 팬으로 만드는 방법'을 이야기하고자 한다. 팬을 만들기 위한 가장 간단한 방법은 자신이 지금 하는 일을 마음속 깊이 즐기는 것이다.

'FUN' = 'FAN'

모든 것은 이 말 속에 집약되어 있다. 자신의 일을 사랑하고 그 일을 즐기고 있다는 사실이 고객에게 전해진다면 팬은 반드시 생긴다. '일을 즐기고 있는 당신의 모습'을 남에게 보일수록 당신의 팬, 회사의 팬은 늘어간다.

우리들은 왜 전 프로야구 선수였던 신조 쓰요시(新庄剛志)에게 끌리는 걸까? 그가 탁월한 야구 선수였다는 점만으로는 그 이유를 설명할 수 없다. 그가 '자신의 일을 즐기고 있는 모습'에 매료되어 그를 좋아하게 된 것이다.

'아이는 공원의 어느 곳에서 놀까?'라는 연구에서 밝혀진 사실이 있다. 아이는 정글짐에서 놀고 싶으니까, 혹은 모래밭에서 놀고 싶으니까 공원에 가는 것이 아니라는 점이다. 아이는 공원 안에서 놀고 있는 '가장 즐거워 보이는 무리'를 찾아 그 무리에 끼려는 경향이 있다고 한다. 고객들도 마찬가지다. A사, B사 중 선택해야 한다면, 고객들이 함께하고 싶다고 생각하는 곳은 밝고 즐거워 보이는 회사다. 해바라기가 항상 해가 있는 쪽을 향하는 것과 마찬가지다. 고객은 밝은 회사, 즐겁게 일하는 사람에게 끌리고, 그런 회사의 팬이 되는 것이다.

전략 **6**

고객에게 사랑받는 회사를 만들어 주는 사회공헌

 사업 자체가 사회공헌

'사회적 기업가'나 '사회적 기업'이라는 말을 들을 기회가 많아졌다. NPO나 자원 봉사 활동이 아니라 이익을 창출하는 회사인 동시에 사회 문제를 해결하는 기업을 '사회적 기업(Social Enterprise)', 그 같은 회사를 만든 기업가를 '사회적 기업가(social entrepreneur)'라고 부른다. 그런 회사나 기업가가 늘고 있고 또한 그것을 동경하는 사람들이 늘어난다는 사실은 기쁜 일이다. 그러나 본질적인 면을 생각한다면 회사란 오래전부터 '사회적 존재'였고, 누군가의 '어려운 일을 해결'하거나 '편리하고 즐겁도록 공헌하는 역할'을 맡아야 마땅한 것이다. 어떤 사업이든 내면을 보면, 누군가의 행복이나 사랑과 평화에 어떤 형태로든 연결되어 있다. 그런 의미에서 세상의 모든 경영자는 사회적 기업가이기도 하다.

우리들은 브랜드 회사를 '저 회사가 없어진다면 속상할 거야'라고 생각할 만한 회사라고 설명한다. 바꿔 말하면, '사회로부터 그 존재 자체가 기대되는 회사'이거나 '사업 자체가 사회적 공헌'이라고 부를 만한 회사다. 이것이 '사회에서 환영 받는 회사'의 중요한 요소다.

물론 사회공헌 활동 역시 초창기부터 해야 하는 일이다. 회사가 커지고 나서가 아니라 회사의 성장과 동시에 진행되어야 한다. 회사는 경영자와 직원의 인간됨 이상으로는 성장하지 않기 때문이다. 그러므로 기부 행위보다는 직접 땀 흘리는 사회활동을 적극적으로 하고, 이를 통해 경영자와 직원의 인간성을 향상시키는 것이 매우 중요하다.

경험상 사회활동을 열심히 하는 회사는 실적이 점점 좋아지는 경우가 많다. 무엇보다 '그런 회사에서 꼭 일하고 싶다'는 생각으로 좋은 인재들이 모인다.

'우리들이 아침 식사로 먹는 햄에그를 만들기 위해 돼지와 닭 중 누가 더 많이 공헌하고 있을까?'

닭은 매일 아침 달걀을 낳을 뿐이지만, 돼지는 한 장의 햄을 제공하기 위해 피를 흘리지 않으면 안 된다. 이는 '기부로 하는 사회공헌'과 '땀을 흘리며 하는 사회공헌'을 비교할 때 자주 나오는 우스갯소리다. 가능하면 둘 다 하는 것이 좋겠지만, 여기서는 작은 회사가 실제로 하고 있는 사회공헌을 소개하려 한다.

도쿄의 가야바초(茅場町)에 90년 이상의 전통을 지닌 '마루다카 공업(丸高工業)'이라는 인테리어 회사가 있다. 이 회사는 독특한 사회공헌 활동을 펼치고 있다. 90년 역사를 지녔다는 것은 퇴직한 선배 사원들이 많다는 말이다. 그리고 그 선배 사원들 덕분에 '지금의 회사가 존재한다'고도 말할 수 있다. 그래서 선배 사원들에 대한 감사의 마음을 담아 선배 사원들을 본사에 초대해 함께 점심을 먹는 행사를 벌이고 있다. 메뉴는 '한솥밥을 먹었던 사이'라는 의미에서 '가마솥 밥'이다. 이때 참가자 전원은 독자적으로 디자인한 티셔츠를 맞춰 입는다. 그리고 식사하기 전에 무리를 지어서 회사가 자리 잡고 있는 가야바초 지역을 한 시간 정도 청소한다.

스무 살부터 여든세 살까지 총 60명이 한자리에 모여 요란한 디자인의 티셔츠를 입고 지역을 청소한 후, 옛 추억과 근황을 서로 나누며 점심 식사를 한다. 동창회와 사원 교육, 지역과 선배 사원들에 대한 보답을 겸한 WIN-WIN-WIN으로, 비용이 별로 들지 않는 사회공헌 활동의 한 예다.

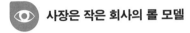# 사장은 작은 회사의 롤 모델

앞에서 '사업 자체가 사회공헌이 된다는 것은 사회에서 환영 받는 조건'이라고 말했다. 그런데 이를 더욱 깊이 따지고 들면 회사에서 일하는 사원과 사장이 '훌륭한 사회인'이 되는 것도 조건 중의 하나다. 아무리 회사가 번듯해도 회사에 있는 사람이 '사회에서 환영 받는 사람'이 아니라면 진정한 의미의 브랜드는 완성되지 않는다. 사회에서 환영 받는 사람은 특별한 일을 하고 있는 사람이 아니라, '당연한 일을 당연하게 하고 있는 사람'이다. 또한 공적으로나 사적으로 회사의 방향성이나 회사가 내세우는 이미지에 걸맞게 행동하는 사람이다.

브랜딩을 하다 보면 작은 회사라도 점점 그 가치가 높아지는 경우를 많이 본다. 그러면 "저 회사의 사원이니까…", "좋은 일을 하는 회사의 사장이니까…"라며 좋은 의미에서 세상 사람들의 기대치가 높아진다. 이런 상황에서 사장과 직원의 평소 행동이 회사의 비전과 모순된다면 그 손해는 막대할 것이다.

예컨대 어린이 상품을 취급하면서 말투가 상스러운 사장이나 여성에게 서비스를 제공하는 회사 직원이면서 남존여비 사상을 지니고 있다면 보는 사람은 위화감을 느낀다. 상냥한 이미지를 지닌 회사의 사장이 회의 도중에 걸려 온 전화에 대고 고래고래 소리 지르는 것을 본다면 실망스러울 것이다.

이런 점도 작은 회사의 브랜드 전략에 포함되어 있다. 달성하기가 쉽지만은 않겠지만 이 브랜드 전략이 완성된다면 사장과 직원이 '브랜드 인간'이 되므로 필연적으로 일과 고객이 늘어간다. 이는 '회사의 브랜드'와 '일하는 사람'이 일치한다는 증거이기도 하다.

이를 위해서는 역시 리더인 사장과 매니저급이 솔선해서 행동과 습관 등을 새로운 회사의 이미지에 맞출 필요가 있다. 행동과 습관을 바꾸는 데는 다음과 같은 요령이 필요하다. "우리 회사는 이런 비전이 있으니 ○○는 하지 않는다", "우리는 이런 기업 신조가 있으니 △△를 적극적으로 한다"와 같이 표어를 만들어 머리와 가슴에 각인시키고 이를 적극적으로 실천해야 한다.

경영의 세발자전거

집을 지을 때는 누구나 설계도를 그린다. 그러나 창업이
나 경영을 할 때 '설계도'라는 개념을 활용하는 사람은 별
로 없다. '설계도 없이 지은 집'이라면 그 집에 사는 사람
은 두려울 것이다. 경영에도 설계도가 필요하다. 그 설계도
중 '경영의 세발자전거'로 불리는 것이다. 간략하게 생각

하면 경영에는 세 가지 요소가 있다. 여기서는 이를 '세 가지 힘'이라고 이야기한다.

그 첫 번째 힘은 '물건을 만드는 힘'이다. 즉, 상품 개발력을 말한다. 이는 회사가 상품이나 서비스를 만드는 힘, 혹은 가치 있는 상품이나 서비스를 선택하거나 매입하는 힘이다.

두 번째 힘은 '물건을 판매하는 힘'이다. 상품과 서비스를 판매하는 영업력과 시장에 알리는 전달력, 커뮤니케이션의 힘이 여기에 속한다.

세 번째 힘은 '관리하는 힘'이다. 회사에는 인재, 재고, 금전 등 관리해야 하는 것이 몇 가지 있는데, 이를 관리하는 힘이 관리력이다.

균형이 안 맞으면
앞으로 나아가기 힘들다.

경영에 필요한 세 가지 힘

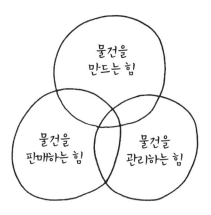

이 세 가지 힘이 균형 있게 갖춰져야 경영이 순조롭게 이루어진다. 이 세 가지의 균형이 잘 맞지 않는 회사도 많다. 상품은 아주 좋은데 시장에 알리는 일이 서툴러 결국 판매가 부진했다는 이야기를 자주 들을 수 있다. 또 우수한 상품이 있고 그런대로 영업력도 있지만, 인재와 재고, 비용을 포함한 관리가 허술해 경영이 엉망진창이라는 회사도 드물지 않다.

이 세 가지 힘을 세발자전거의 바퀴라고 상상해보라. 이 세발자전거의 바퀴가 균형이 잘 맞으면 회사는 탄탄대로를 달린다. 하지만 균형이 안 맞으면 원하는 방향으로 가지 못하거나 페달을 밟다가 지쳐버리고 말 것이다. 이때 바퀴의 크기는 관계없다. 크기가 작아도 균형만 잘 맞으면 앞으로 나아간다. 바퀴의 크기보다 균형이 맞지 않는 쪽이 더 부정적인 영향을 미친다.

그러면 회사의 '세 가지 힘'에 대해 생각해보자. 각 힘의 최고점을 '10'으로 잡고 점수를 매겨보자. 아무리 점수가 낮아도 전반적으로 균형이 잘 맞으면 비관할 필요가 없다. 앞으로 힘을 키우면 되기 때문이다. 하지만 균형이 심하게 안 맞는다면 부족한 힘을 강화하든가 외부에서 빌려 오는 등 개선책이 필요하다.

중요한 점은 평소부터 이 '세 가지 힘'에 주의를 기울여 스스로 매긴 점수를 기록해두는 일이다. 이 세 가지 힘을 곱한 것이 회사의 실력이므로 이 중 한 가지가 '0'이 되면 회사 조직의 능력은 전무하다는 뜻이다. 그러므로 균형이 중요하다.

👁 경영은 시스템이다

"나무꾼이 하는 일은 무엇입니까?"

이렇게 묻는다면, 당신은 무엇이라고 대답할 것인가?

"나무를 베는 일이겠지요."

그렇다! 그런데 나무꾼은 앞으로도 나무를 베기만 하면 되는 걸까? 효율성 있게 일을 하려면 '도끼를 가는 일'도 필요하다. 때로는 읍내로 내려가 새로 나온 도끼를 구경하거나 나무꾼 강습을 듣는 것도 일이 된다. 나무꾼 동료와 정보를 교환하는 것 역시 일이다. 이는 경영자의 모습과 똑같다. 경영자는 직장 이외의 곳에서도 해야 할 일이 수없이 많다.

경영자가 해야할 일 중에서 중요한 한 가지는 '3년 후에 살아남아 있을 이유를 오늘 생각하는 것'이다. 그러나 그보다 먼저 해야 할 일이 있다. 사장이 '살아남을 이유'를 찾으러 언제든 회사 밖으로 나갈 수 있으려면 '사장이 없어도 운영되는 비즈니스 시스템'을 구축하는 것이다.

사장이 '본연의 사장 업무'에만 집중할 수 있는 작은 회사는 사실 그리 많지 않다. 대부분의 작은 회사 사장은 선수로서 직접 경기에 출전하는 동시에 감독을 겸하는 '플레잉 매니저(playing manager)'다. 비즈니스 시스템을 의식하지 않은 채 회사를 운영하면 사장은 현장에서 벗어날 수 없게 된다. 매일 일만 하는 것과 비즈니스 시스템을 구축하는 것은 '매일 물을 긷는 행위를 영원히 계속하는 것'과 '이른 단계에서 물길을 조성하는 것'의 차이와 같다.

비즈니스의 어원은 '비지(busy)'다. '바쁜 자신'을 기쁘게 생각하는 경영자들도 많다. 하지만 '3년 후에도 살아남아 있을 이유'를 생각할 시간이 없다는 것은 경영자의 자리를 위협하는 일이기도 하다.

또한 듣기 거북할지도 모르지만, 우리들은 언제 어떻게 죽음을 맞을지 알 수 없다. '내가 사라지면 제대로 돌아가지 않는 회사'가 아니라 '사장 없이도 잘 운영되는 비즈니스 시스템'이 갖춰진 회사를 만드는 것은 매우 중요한 발상이다. 이 발상이야말로 진정한 의미에서 작은 회사의 CSR(기업의 사회적 책임)이다.

회사 내에 비즈니스 시스템을 구축하는 효과적인 방법은 경영자의 휴일을 늘리는 것이다. 지금 일주일에 한 번 쉰다면 이틀, 사흘로 늘려라. 오전에만 사무실에 있는 날과 집에서 일하는 날의 비중을 늘려도 상관없다. 그렇게 되면 '어떤 규칙이 필요할까?'와 '어디를 자동화하면 좋을까?'가 자연히 보이게 될 것이다.

👁 위기관리, 브랜드 파워를 지키는 힘

일본에는 '성을 짓는 데 3년, 성이 함락되는 데 3일'이라는 말이 있다. 오랜 역사를 지닌 브랜드인데도 불상사가 생기면 하룻밤 만에 무너지는 것을 자주 볼 수 있다.

브랜드 만들기란 처음에는 묘목과 같다. 작은 사고가 일어나는 것만으로 이 묘목은 쉽게 부러져버린다. 하지만 이 묘목이 큰 나무가 되었을 때, 즉 브랜드가 완성됐을 때는 경영이 아주 수월해진다. 관리만 해도 나무는 정해진 시기에 꽃을 피우고 열매를 맺는다.

그러나 회사에 리스크가 없는 날은 없다. 그러므로 묘목일 때도, 큰 나무가 되었을 때도 리스크 관리는 경영자의 중요한 업무 중 하나이며, 영원히 계속되는 일이라고 말할 수 있다. 따라서 리스크 관리에 대한 이야기로 이 책을 끝맺으려 한다. 그렇다고 부정적인 이야기는 아니다.

중국에는 "이름이 붙여진 요괴는 무섭지 않다"는 속담이 있는데, 리스크 관리도 이와 마찬가지다. 사람에게는 '정체를 알 수 없는 존재를 두려워하는 심리'가 있다. 리스크를 두려워하는 것도 그것이 언제, 어떤 형태로 다가올지 모르기 때문이다. 그러나 요괴에 이름이 붙여지면 언제 맞닥뜨리든 무섭지 않듯이(사실은 무섭다고 생각하지만), 리스크 역시 모든 각도에서 미리 생각하고 그 대처법을 준비해두면 그렇게 두렵지 만은 않을 것이다.

종이와 펜을 준비하라. 내년에 회사가 파산하게 된다면 그 이유는 무엇일까? 모든 각도에서 상상력을 총동원해보자. 직원도 함께 만들어보면 좀 더 훌륭하게 목록을 만들 수 있을 것이다.

'절대로 그런 일은 일어날 수가 없다'고 할 만큼 세세한 부분까지 적어보라. 그렇게 하지 않으면 리스크 대책이 될 수 없다. 그리고 '그 일이 일어났을 때는 누가 어떻게 움직일 것인가?' 하는 계획까지 빈틈없이 정해두라. 이를 리스크 대책위원회라고 하고 정기적으로 실시한다면 경영에 대한 자신감도 커질 것이다.

새의 무리를 이끄는 새는 리더인 동시에 '가장 겁이 많은 새'라고 한다. 그 새는 무리를 위험에 빠뜨리지 않도록 최선을 다하고 다른 새들은 그 뒤를 따른다.

바쁜 사회생활을 하다보면 석양을 느긋하게 감상할 기회는 그렇게 많지 않다. 그래도 내일 해가 질 무렵, 밖으로 나가 새를 찾아보라. 함께 날아가는 무리의 행복을 바라며, 겁은 많지만 자신을 따르는 새들에게 그 모습을 전혀 드러내지 않는 작지만 큰 용기를 지닌 새. 이 새야말로 '정말 멋지구나' 하는 말을 들을 만한 작은 회사 경영자의 모습 그 자체다.

작지만 큰 용기를 지닌

무리를 이끄는 새.

이 새야말로

작은 회사 경영자의 모습 그 자체다.

작은회사

작은 회사의 브랜드 노트

● 카테고리, 브랜드를 만드는 지름길

남들과 같은 방법으로 브랜딩하기보다는 회사 스스로 새로운 카테고리를 만들어 자기 분야에서 으뜸이 되는 편이 훨씬 손쉽고 빠르게, 무엇보다 영리하게 '브랜드를 만드는 방법'이라고 말할 수 있다. 또한 정보화 사회에서는 오히려 사업이나 대상을 좁힐 때 고객들이 보다 명확해지므로 한층 브랜드 만들기가 수월하다.

● 작은 불편, 새로운 카테고리를 만드는 열쇠

'작은 불편'을 해소해주는 상품이나 서비스를 개발한다면 그 상품이나 서비스는 분명 새로운 카테고리다. 거리를 산책하거나 드라이브하면서 눈에 들어오는 가게나 회사, 상품, 서비스에 '여성 전용', '학생 전용', '초보자 전용', '독신남 전용' 등 특정 고객을 가리키는 광고 카피를 붙여보라. 의외로 '이 아이디어는 대박날 수도 있겠다'는 놀라운 발견을 하게 될지도 모른다.

● 브랜딩의 핵심, 포지셔닝 전략

포지셔닝은 말 그대로 '자사를 포지션하는(자리매김하는) 것'에 의미가 있다. 어느 자전거 제조업체가 "우리는 자전거업계의 롤스로이스다"라고 자사의 포지션을 표현한다면, 자전거업계를 모르는 사람이라도 그 회사의 자전거가 고가이며 회사 역시 프리미엄 상품을 취급하는 제조업체임을 쉽게 연상할 수 있다.

● 브랜드의 힘은 포커스의 힘

"저희 회사는 ○○으로 △△한 사람들에게 ▢▢를 제공하는 회사입니다. 그리고 세상의 ××를 해결합니다"라는 짤막한 말로 설명할 수 있다면 멋질 것이다.

사업을 확실하게 '포커스(집중, 초점)'하는 회사는 그런 답변이 가능하다. '브랜드 의 힘'은 곧 '포커스의 힘'이다.

● 단 한사람을 위한 하나의 메시지

'고객층'에게 메시지를 보내는 것이 아니라 그중 '단 한 사람에게만 메시지를 보 낸다'는 식으로 발상을 바꿔보자. 단 한 사람을 위해 팸플릿과 홈페이지를 만들거 나 캐치프레이즈를 생각하거나 블로그를 작성하라. 극단적으로 말해 '전 세계에서 단 한 사람만을 위해 비즈니스를 하고 있다'고 생각하는 것이다.

● 작은 회사의 기업표어 알기, 쉽게 고객언어로

작은 회사의 브랜드 전략이란 '회사를 알기 쉽게 만드는 것'이기도 하다. "안 팔 린다, 안 팔려"라고 한숨을 내쉬는 회사도 상품이나 서비스, 회사 자체를 좀 더 알기 쉽게 만든다면 많든 적든 매출이 올라가는 경우가 있다. 작은 회사에 권하 고 싶은 기업 표어는 기발한 아이디어나 영어가 아닌, 사업 설명형이나 미션 설 명형이다.

● 팀 빌딩, 먼저 직업관을 공유하라

우리들이 목표로 하는 것은 '자립형 팀'이다. 직원 한 사람 한 사람이 지시나 명령 없이도 자립적으로 업무를 추진할 수 있는 팀이다. 브랜드 회사가 자립형 팀을 두는 것은 필수사항이라고 해도 좋다. 자립형 팀을 만들 때 가장 중요하고 먼저 해야 할 일은 '직업관의 공유'다.

● 기업 신조를 카드로 만들어라

기업 신조가 인쇄된 명함 크기의 카드를 '크레도 카드'라고 부른다. 기업 신조가 완성되었다면 이를 크레도 카드로 만들어라. 시판되고 있는 명함용 프린트 용지에 인쇄해도 된다. 그리고 이를 직원에게 나눠주라. 항상 휴대하면서 몇 번이고 되풀이 보는 것이 중요하다.

● 협력 회사와 비전을 공유하라

협력 회사 없이는 일이 안 된다. 1년에 한 번이라도 좋으니 '당신의 회사는 우리 회사에 둘도 없는 존재'라는 사실을 사업과 관련된 모든 사람들에게 전하자. 어떤 회사에서는 1년에 한 번 협력관계에 있는 회사를 방문해 직장 체험을 하면서 상호이해와 감사의 마음을 다지고 있다.

● 경쟁력, 가격보다 높은 가치를 제공한다

'가격을 내리지 말고 가치를 높인다.'

이것이야말로 작은 회사의 경영자가 되짚어봐야 할 새로운 발상이다. 브랜드 회사는 기본적으로 가격을 할인하지 않는다. '가격을 할인하지 않는다'라고 기업 신조에 명기하는 회사도 많다. 또한 '가격을 할인하지 않는 선언서'를 작성하고 각 직원들에게 서명을 받아 회사 내에 존재하는 '할인 습관'을 개선하기 위해 노력하기도 한다.

● '100명의 소중한 고객' 목록을 만든다

우선은 '100명의 소중한 고객'의 목록을 작성하자. 그리고 100명을 만족시킬 수 있도록 노력하자. 창업 초기의 고객이라도 좋고 늘 찾아주는 고객이라도 좋다. 이전과 달리 자주 찾아주지는 않지만 '앞으로도 계속 좋은 관계를 유지하고 싶은' 고객이라도 좋다. 어쨌든 이 100명만은 평생을 두고 기쁘게 만들 수 있도록 하자.

● '신규 고객보다 소중한 것' 은 단골 고객

미국의 비즈니스 컨설턴트 J. 에이브러햄은 매출을 올리기 위해서는 '신규 고객을 확보한다', '재방문율을 높인다', '고객 단가를 높인다' 는 세 가지 사항을 확립해야 한다고 말한다. 이 세 가지 중 브랜드 회사가 가장 중시하는 것은 '재방문율을 높인다' 는 것이다.

● 사업 자체가 사회공헌

사회공헌 활동 역시 초창기부터 해야 하는 일이다. 회사가 커지고 나서가 아니라 회사의 성장과 동시에 진행되어야 한다. 회사는 경영자와 직원의 인간됨 이상으로는 성장하지 않기 때문이다. 그러므로 기부 행위보다는 직접 땀 흘리는 사회활동을 적극적으로 하고, 이를 통해 경영자와 직원의 인간성을 향상시키는 것이 매우 중요하다.

● 경영은 시스템이다

경영자가 해야할 일 중에서 중요한 한가지는 '3년 후에 살아남아 있을 이유를 오늘 생각하는 것'이다. 그러나 그보다 먼저 해야 할 일이 있다. 사장이 '살아남을 이유'를 찾으러 언제든 회사 밖으로 나갈 수 있으려면 '사장이 없어도 운영되는 비즈니스 시스템'을 구축하는 것이다.

'비전을 가지자'는 말의 진정한 의미

이 책에서 여러 가지 이야기를 했다. 그중에서도 특히 '회사에는 화살표가 있다'는 사실만은 기억하길 바란다. 작은 회사이면서 그 지역이나 업계에서 브랜드 회사라고 불릴 만한 회사는 그 화살표가 안쪽으로 향해 있다. 지금 밖으로 향해 있는 화살표를 하나씩 안쪽으로 바꿔가는 작업이 브랜드 만들기다.

이 책에서는 경영 화살표를 안쪽으로 향하도록 바꾸는 여러 가지 방법에 대해 이야기했는데, 마지막으로 다시 한 번 정리하겠다.

왜 고객과 인재, 정보, 자금과 같은 경영 자원이 브랜드 회사로 모여들까? 그것은 회사의 방향성이 뚜렷하기 때문이다. 여기서 말하는 '회사의 방향성'에는 회사의 비전(미래상)과 사명, 가치, 존재 이유 등 모든 것이 들어가 있다. 방향성이 명확하므로 "공감할 수 있습니다", "꼭 함께 일합시다"라며 사람과 기회가 모여드는 것이다. 방향성이 명확하므로 회사의 세계관과 디자인 등에 거짓이 없다. 아무리 장황하게 브랜드 만들기를 이야기한다 해도 마지막은 이 말로 귀결된다. 안쪽으로 향하는 화살표를 만드는 근원은 회사의 비전이다. 그리고 이 화살표는 회사뿐 아니라 개인에게도 똑같이 적용된다.

'브랜드의 힘이 있는 사람'이란 세련되고 멋진 사람만을 의미하지 않는다. 무엇 때문에 일하는가? 무엇을 달성하고 싶은가?가 명확한 사람이다. 또한 비전을 가지고 이를 표현하는 데 능숙하므로 인재, 정보, 자금, 기회, 지원, 행운 등이 그 사람에게로 모여드는 것이다.

이 발상은 국가 브랜딩을 생각할 때도 마찬가지다. 스위스처럼 자원이 빈약한 작은 나라는 실로 능숙하게 국가의 화살표를 안쪽으로 향하게 만들어 전 세계에서 사람과 자금을 모은다. 스위스에는 크고 작은 브랜드 기업도 많다.

필자들은 매일 '화살표를 안쪽으로 향하게 만드는 일'을 통해 '멋진 어른'들이 많이 탄생하길 바란다. 우리들이 생각하는 '멋진 어른'이란 사명감을 가지고 진심으로 일을 사랑하며 자신이 향해야 할 곳이 어디인지 분명히 알고 있는 사람이다. 그러므로 자기 자신의 미래를 두근거리는 마음으로 기대할 수 있는 사람이기도 하다. 그런 어른이 이 나라에 많아진다면 그 사람을 동경하는 다음 세대도 늘어나 나라의

미래가 좋은 방향으로 나아갈 것이라고 본다.

'브랜드 회사'와 '그렇지 못한 회사'의 시작은 종이 한 장 차이다. 이는 '방향성(비전)'이 있느냐 없느냐의 차이일 뿐이다.

이 책에 적혀 있는 내용은 누구라도 당장 할 수 있는 일이다. 누구든 작은 브랜드를 만들 수 있다. 이 책이 그 일에 조금이라도 공헌할 수 있다면 그보다 기쁜 일은 없을 것이다. 끝까지 이 책을 읽어주신 여러분께 정말 감사드린다.

마지막으로 이 책에 도움을 주신 많은 분들께 감사의 마음을 전한다. 우선 공저자인 하마구치 다카노리에게 감사의 마음을 전하고 싶다. 이 책을 출판할 즈음 벽에 부딪친 내게 많은 시간을 기울여 지원해주셨다. 항상 내 일을 자신의 일처럼 진지하게 생각해주신 덕분에 지금까지 함께 일할 수 있었다. 늘 진심으로 감사드리고 있다. 앞으로도 '행복한 회사'가 하나라도 더 늘어날 수 있도록 함께 활동할 수 있기를 바란다.

무라오 류스케

창업자의 순수한 동기

어린 시절, 정의의 사자를 동경했다.
정의의 사자가 되고 싶었다.
가면 라이더나 울트라맨이 되고 싶었다.

그리고 지구를 지키고 싶다고 생각했다.

그것이 불가능하다면 지구방위군에 들어가고 싶었다.
지구방위군의 일원이 되고 싶었다.
그리고 지구를 지키고 싶다고 생각했다.

마음속으로는 그런 일이 불가능하다는 사실을 알고 있었는데도
천진난만하게 그렇게 생각했다.

천진난만하게
하지만 순수하게
우리들이 지구를 지킨다고 생각했다.

지금의 시대에는 그런 천진난만함이 사라져 버렸다.
어른이라는 명찰에 가려져 버렸다.

그래도 놀라운 일이나 멋진 일은
어른이 되어서도 천진난만한 동기에서 생겨난다.
순수한 동기에서 생겨난다.

그런 사실을 알고 나는 강해졌다.

브랜드를 만들 수 있는 사람이란
천진난만함을 갖고 있는 사람이라고 생각한다.
천진난만한 동기를 소중하게 여길 줄 아는 사람이라고 생각한다.

그런 어른이라고 생각한다.

지구를 지킨다.

지구방위군은 없어도
우리들 창업가는 일을 통해 그 임무를 완수한다.

하마구치 다카노리

옮긴이 _ 이동희

한양대 국어국문학과 졸업. 8년간의 출판사 근무 후 일본 유학을 떠나 일본외국어전문학교 일한통역·번역학과 졸업. 다년간의 다양한 번역 업무를 거쳐 현재 전문 번역가로서 활동 중이다.

옮긴 책으로는『잘되는 나를 만드는 최고의 습관』,『이기적인 시간술』,『상사의 한마디 코칭』,『두부 한 모 경영』,『비즈니스 글쓰기 클리닉』,『A4 솔루션』,『약은 우리 몸에 어떤 작용을 하는가』,『약은 되는 독, 독이 되는 독』등이 있다.

작은 회사의 돌파구, 파워 브랜드 전략

개정판 1쇄 인쇄 | 2018년 8월 10일
개정판 1쇄 발행 | 2018년 8월 17일

지은이　| 하마구치 다카노리·무라오 류스케
옮긴이　| 이동희
펴낸이　| 강효림

편　집　| 지유
디자인　| 전영진(표지)·채지연(내지)
마케팅　| 김용우

용지　　| 화인페이퍼
인쇄　　| 한영문화사

펴낸곳　| 도서출판 전나무숲 檜林
출판등록| 1994년 7월 15일·제10-1008호
주소　　| 03961 서울시 마포구 방울내로 75, 2층
전화　　| 02-322-7128
팩스　　| 02-325-0944
홈페이지| www.firforest.co.kr
이메일　| forest@firforest.co.kr

ISBN | 979-11-88544-14-1 (03320)

전나무숲 건강편지를
매일 아침, e-mail로 만나세요!

전나무숲 건강편지는 매일 아침 유익한 건강 정보를 담아 회원들의 이메일로
배달됩니다. 매일 아침 30초 투자로 하루의 건강 비타민을 톡톡히 챙기세요.
도서출판 전나무숲의 네이버 블로그에는 전나무숲 건강편지 전편이 차곡차곡
정리되어 있어 언제든 필요한 내용을 찾아볼 수 있습니다.

http://blog.naver.com/firforest

 '전나무숲 건강편지'를 메일로 받는 방법 forest@firforest.co.kr로 이름과 이메일 주소를
보내주세요. 다음 날부터 매일 아침 건강편지가 배달됩니다.

유익한 건강 정보,
이젠 쉽고 재미있게 읽으세요!

도서출판 전나무숲의 티스토리에서는 스토리텔링 방식으로 건강 정보를
제공합니다. 누구나 쉽고 재미있게 읽을 수 있도록 구성해, 읽다 보면 자연스럽게
소중한 건강 정보를 얻을 수 있습니다.

http://firforest.tistory.com